U0939445

教育部人文社会科学重点研究基地重庆工商大学长江上游经济研究中心；
“三峡库区百万移民安稳致富国家战略”服务国家特殊需求博士人才培养项目；
重庆市人文社会科学重点研究基地重庆工商大学产业经济研究院；
受国家社科基金西部项目（长江经济带环境审计协同机制构建及实现路径研究，17XJY007）、教育部人文社会科学重点研究基地重大项目（长江上游地区环境审计协同机制研究，19JJD790011）、国家社科基金青年项目（长江经济带水污染协同治理的国家审计长效机制与实现路径研究，20CJY007）、重庆市教委人文社科项目（商业银行精准扶贫效率评价、路径选择与实践演进——以重庆市为例，18SKSJ039）、重庆工商大学校内科研项目（基于领导干部自然资源资产离任审计视角的生态环境监体系研究，1951022）及重庆工商大学教育教学改革研究项目（基于政府会计改革背景下的审计教学改革与实践，2019305）的资助。

A Study on the Economic Effects of Resource and Environmental Audit

—— Take the Yangtze River Economic Zone as an Example

资源环境审计的经济效果研究

—— 以长江经济带为例

蒋秋菊　孙芳城　著

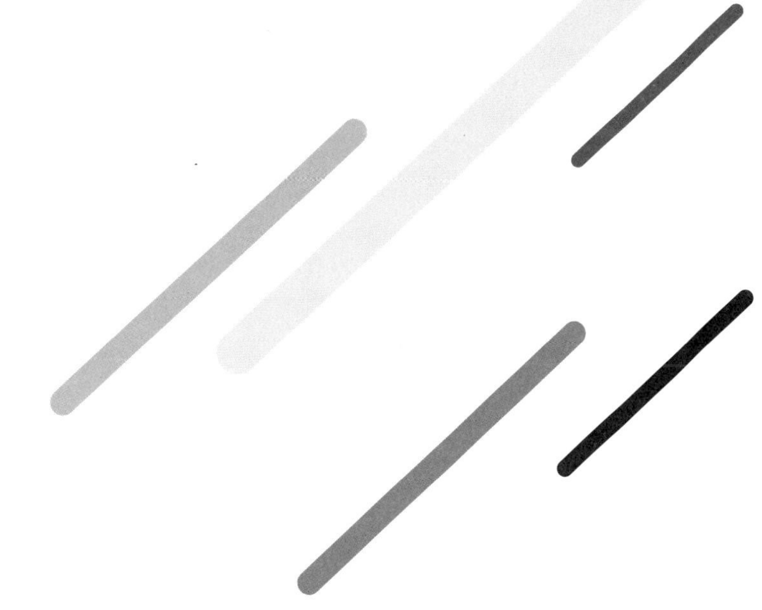

西南财经大学出版社
Southwestern University of Finance & Economics Press
中国·成都

图书在版编目(CIP)数据

资源环境审计的经济效果研究:以长江经济带为例/蒋秋菊,孙芳城著.—成都:西南财经大学出版社,2022.1
ISBN 978-7-5504-4840-7

Ⅰ.①资… Ⅱ.①蒋…②孙… Ⅲ.①长江经济带—自然资源—自然环境—审计—经济效果—研究 Ⅳ.①F239.6

中国版本图书馆 CIP 数据核字(2021)第 063935 号

资源环境审计的经济效果研究——以长江经济带为例

ZIYUAN HUANJING SHENJI DE JINGJI XIAOGUO YANJIU——YI CHANGJIANG JINGJIDAI WEILI

蒋秋菊 孙芳城 著

责任编辑:李特军
助理编辑:王琴
责任校对:廖术涵
封面设计:张姗姗
责任印制:朱曼丽

出版发行	西南财经大学出版社(四川省成都市光华村街 55 号)
网　　址	http://cbs.swufe.edu.cn
电子邮件	bookcj@swufe.edu.cn
邮政编码	610074
电　　话	028-87353785
照　　排	四川胜翔数码印务设计有限公司
印　　刷	四川煤田地质制图印刷厂
成品尺寸	170mm×240mm
印　　张	11.75
字　　数	231 千字
版　　次	2022 年 1 月第 1 版
印　　次	2022 年 1 月第 1 次印刷
书　　号	ISBN 978-7-5504-4840-7
定　　价	89.00 元

推动长江经济带发展，既是一场攻坚战，更是一场持久战，

我们要坚定信心、咬定目标，苦干实干、久久为功，

为实施好长江经济带发展战略而共同奋斗！

——习近平

前言

君住长江头，我住长江尾。日日思君不见君，共饮长江水。

此水几时休？此恨何时已？只愿君心似我心，定不负相思意。

——宋·李之仪《卜算子·我住长江头》

宋代李之仪的这首《卜算子》借长江水抒怀，朴实中见深刻，含蓄而深沉，在我国民间流传甚广。

长江作为中华民族的母亲河，以丰富的水资源哺育着沿岸4亿多人民，历来为世人歌颂。如今，沿着长江流域发展而来的长江经济带覆盖了从四川、云南、贵州、重庆到湖北、湖南、江西，再到安徽、浙江、江苏、上海的11个省市，横跨我国东、中、西三大板块，人口规模和经济总量占据全国“半壁江山”，生态地位突出，发展潜力巨大，与沿海经济带共同构成我国国土开发和经济建设的“T”字形宏观格局，在我国经济发展中具有极其重要的战略地位。

长江经济带内的资源丰富，为区域经济发展提供了良好的基础和条件。然而，随着近年来经济的发展，自然资源和生态环境遭受了严重的破坏，资源和环境为经济的发展付出了沉重的代价，经济的可持续发展问题日益严峻。因为盲目追求GDP增长的“晋升锦标赛”，个别官员只关注任期内辖区的短期经济增长，忽视了经济的高速增长对环境造成的严重污染以及对资源、能源的过度消耗（周黎安，2007），导致环境污染事故频发（于文超和何勤英，2013）。

资源环境审计作为国家审计的一种重要形式，是国家治理的重要手段。那么，实施资源环境审计对长江经济带范围内各省份的环境效率、地区经济增长、行业技术效率与企业行为等方面产生了怎样的影响，这一系列的经济效果尚待评价。对这些经济效果的研究不仅有利于党中央科学决策，更好地构建出符合长江经济带经济高质量和可持续发展的制度架构，也有利于确保长江沿岸公民能够体验到经济带建设发展的成就。鉴于此，本书对上述问题进行研究。

党和国家的自然资源与生态环境保护的事业大局与审计监督密切相关，相辅相成。一方面，党和国家的自然资源与生态环境保护的事业大局离不开审计监督，资源环境审计的根本职责是服务于党和国家的自然资源与环境保护的事业大局；另一方面，党的统一领导又可以为资源环境审计制度的建立和完善指明前进方向，可以增强资源环境审计的权威性和独立性。资源环境审计的内涵十分丰富，包括对资源环境资金的筹集与管理、资源环境政策的实施效果、政府及有关主管部门和企事业单位履行资源管理和环境保护职责以及利用环境资源的情况等方面的审计。其中，领导干部自然资源资产离任审计是资源环境审计的典型代表，是我们党根据国家发展需要制定和实施的科学决策，对资源环境审计的经济效果进行研究也是对党执政方针政策落实效果的梳理，有利于我们更好地认识党在我国经济发展和生态环境保护方面做出的重要贡献，进而更加坚定地维护党中央的权威和集中统一领导。

2018 年 5 月，党的十九届三中全会审议通过了《深化党和国家机构改革方案》，中国共产党中央委员会设立审计委员会，这体现了我党要加强对审计工作集中统一领导的决心，这标志着我国审计管理体制发生了深刻变化，审计职能拓展到“全覆盖”的新空间，与新时代相适应的党统一领导下的中国特色社会主义审计模式已经确立。因此，党在健全国家监督体系、推进国家治理体系和治理能力现代化等方面发挥了非常重要的作用。

蒋秋菊　[签名]

2021 年 12 月于重庆工商大学博智楼

主要内容

本书主要分为两个部分：第一部分（第1~3章）论述资源环境审计在环境治理中的作用；第二部分（第4~8章）运用长江经济带的相关数据对资源环境审计实施效果进行实证分析。在第一部分中，本书首先基于国家治理理论、利益相关者理论和协同理论，通过分析中国资源环境审计的演进，阐述了资源环境审计在国家环境治理中的重要性以及与国际环境治理、区域治理、公司治理的关系，并从理论上分析了资源环境审计在推动国家环境治理中的“惩罚”作用、“声誉”作用与“威慑”作用。其次，本书根据国际上各国最高审计机关开展资源环境审计的经验，统计分析了资源环境审计在推动国家环境治理过程中应具有的特征、作用以及面临的挑战和应采取的应对措施。在第二部分的前4个章节（第4~7章），利用具体数据实证分析了资源环境审计在影响地区环境效率、地区经济增长、行业技术效率与企业行为（以企业税收规避和技术创新为例）方面的现状与作用，进而在全书的最后（第8章）提出资源环境审计推动国家环境治理的发展战略。

目录

1 绪论

1.1 问题的提出、研究背景及研究意义

自1978年改革开放以来，经过40多年的努力和发展，中国社会经济发生了翻天覆地的变化，也实现了快速增长。然而，追求经济增长的同时，相伴随的是自然资源和生态环境遭受了严重的破坏，资源和环境为经济的发展付出了沉重的代价。环境是人类生存和发展的根本性前提和基础，环境遭受破坏必然会影响经济与社会的可持续发展，而环境问题也是人类社会永恒的主题（蔡春 等，2006）。鉴于此，我国亟需实现“高质量发展”。

面对这一严峻形势，党和政府希望通过建立和健全国家治理机制来扭转当前地方官员盲目追求地区经济增长、忽视生态环境建设和自然资源保护这一现状。早在2003年12月，中共十六届三中全会就提出了以人为本，全面、协调、可持续的科学发展观，这是党对社会主义现代化建设规律认识的进一步深化，是执政理念的一次重要升华。2005年12月，国务院出台了《国务院关于落实科学发展观加强环境保护的决定》，对如何切实解决环境问题、建立和完善环境保护长效机制，提出了具体指导意见。2007年10月，党中央将建设资源节约型、环境友好型社会写入党章，首次明确了把建设生态文明作为一项战略任务和全面建设小康社会的目标。2012年11月，党的十八大会议上，生态文明建设首次被写入中国共产党全国代表大会报告，并确立了经济建设、政治建设、文化建设、社会建设、生态文明建设“五位一体”的总体布局。2013年，习近平总书记提出了“绿水青山就是金山银山”的绿色可持续发展观，我国政府、绿色发展组织、企业和科研组织也开始积极探索绿色发展的生态资源环境管理，生态环境治理的相关理念、方法与技术日渐得到关注与发展。

审计作为一种监督机制，理应成为推进国家治理体系和治理能力现代化的

重要手段。2013 年 11 月，中共十八届三中全会通过的《中共中央关于全面深化改革若干重大问题的决定》，明确提出要“推进国家治理体系和治理能力现代化”。2016 年，中华人民共和国审计署在《“十三五”国家审计工作发展规划》中提出对重点国家资源、重大污染防治和生态保护项目实行审计全覆盖，进一步扩展资源环境审计应用领域，加快推动生态文明建设。中共十九大报告中提出“要改革生态环境监管体制，设立国有自然资源资产管理和自然生态监管机构，完善生态环境管理制度”，并要求“政府转变职能，建立健全政府审计体系”。2019 年 11 月，党的十九届四中全会更是提出“生态文明建设是关系中华民族永续发展的千年大计”，“要实行最严格的生态环境保护制度，全面建立资源高效利用制度，健全生态保护和修复制度，严明生态环境保护责任制度”。

在上述背景下，资源环境审计呼之欲出。资源环境审计是政府进行环境治理以实现经济与社会可持续发展的重要手段。我国资源环境审计工作起步较晚，我国资源环境审计的治理功能和治理效果尚未得到系统的评价，鉴于此，评价生态文明建设的进程意义重大。因此，为了满足生态文明建设对于资源环境审计的要求，随着社会政治和经济发展的进程，客观上要求我们要对资源环境审计的实施效果进行评价，并对评价过程中发现的问题提出相应的对策。

领导干部自然资源资产离任审计属于资源环境审计的重要类型之一，是一种特殊的资源环境审计（林忠华，2014）。实行领导干部自然资源资产离任审计，是审计服务于党中央重大决策部署、服务于现代化国家治理体系的体现。所谓领导干部自然资源资产离任审计，是指国家对领导干部在任期间自然资源环境开发、保护和利用情况进行审计，对地区环境保护和污染治理活动进行监督检查，做出正确的工作鉴定结果，以对领导干部自然资源环境管理和利用行为进行监督和约束，达到保护自然环境效果的一项审计制度（蒋秋菊和孙芳城，2019）。自 2013 年 11 月召开的中共十八届三中全会首次明确提出“要加快促进生态文明发展，探索编制自然资源资产负债表，对领导干部实行自然资源资产离任审计，建立生态环境损害责任终身追究制”以来，我国政府对领导干部自然资源资产离任审计工作的开展予以高度重视。2015 年 9 月，国家在“十三五”规划中提出，要加强领导干部自然资源资产离任审计工作。2015 年 11 月，中共中央办公厅、国务院办公厅印发了《开展领导干部自然资源资产离任审计试点方案》，标志着此项设审计试点工作正式拉开帷幕。2017 年 11 月 28 日，中共中央办公厅、国务院办公厅印发《领导干部自然资源资产离任审计规定（试行）》，意味着这项全新的、经常性的审计制度已正式建立。2018 年，离任审计试点工作全面展开。至今，领导干部自然资源资产离任审计试点工作已经全面完成。

那么，作为一种特殊的经济责任审计和资源环境审计，领导干部自然资源资产离任审计的实施效果如何呢？领导干部自然资源资产离任审计在实施过程中，存在什么问题，需要采取哪些措施进行改进呢？对这些问题的回答显然关系到我国实现经济高质量发展和环境可持续发展的状况，是关乎人民生活福祉的关键。本书旨在对上述问题进行回答。

不断恶化的自然生态环境给各地政府带来了环境治理的压力，促使我国开展资源环境审计。随之而来的是大家对我国环境效率、经济增长、行业技术效率和企业行为（如税收规避和技术创新）的担忧，即资源环境审计的经济效果怎样。在这一背景下，研究资源环境审计的经济效果，具有十分重要的理论和现实意义。

长江是我国第一、世界第三大河流，全长 6 300 余千米，长江流域是南水北调战略水源地，是连接东、中、西部的“黄金水道”，我国 36.5%的水资源、48%的可开发水电资源都是源于长江流域。长江经济带覆盖 11 个省市，包括上海市、江苏省、浙江省、安徽省、江西省、湖北省、湖南省、四川省、重庆市、云南省、贵州省，面积 205.1 万平方千米，占国土面积约 21.4%，流域地区生产总值能占到全国 GDP 近一半，可以说，长江经济带拥有我国最广阔的腹地和发展空间，是我国经济增长潜力巨大的地区，因而具有重大的战略意义，对于有效扩大内需、促进经济稳定增长、调整区域结构、实现中国经济升级具有重要作用。

然而，近年来长江流域自然资源与生态环境恶化，严重影响了流域内各省市的经济高质量发展。2016 年，习近平总书记提出，当前和今后相当长一个时期，要把修复长江生态环境摆在压倒性位置，共抓大保护，不搞大开发。2020 年 11 月 14 日，习近平总书记在江苏南京主持召开了全面推动长江经济带发展座谈会并发表重要讲话。习近平指出，要使长江经济带成为我国生态优先绿色发展主战场、畅通国内国际双循环主动脉、引领经济高质量发展主力军。要加强生态环境系统保护修复。要从生态系统整体性和流域系统性出发，追根溯源、系统治疗，防止头痛医头、脚痛医脚。要把修复长江生态环境摆在压倒性位置，构建综合治理新体系，严守生态红线，持续开展生态修复和环境污染治理工程，保持长江生态原真性和完整性。要健全长江水灾害监测预警、灾害防治、应急救援体系，推进河道综合治理和堤岸加固，建设安澜长江。因此，对长江经济带内的各区域、省市和企业进行资源环境审计具有十分重要的意义。

（1）本书研究的理论意义。

第一，丰富资源环境审计经济效果的相关研究。已有文献主要研究的是资源环境审计的概念、内涵、方式以及资源环境审计对企业投资、融资、全要素生产率、创新投入等方面的影响，鲜有学者系统研究资源环境审计如何影响区域经济发展、行业环境效率和企业行为。本书从区域、行业和企业三个层面系统考察了我国实施资源环境审计的经济效果，为资源环境审计的实施效果提供了宏观、中观和微观的证据，使宏观经济发展、中观产业政策和微观企业行为的研究链条更加完整，有利于进一步深入和拓展学界对政府审计经济效果的理解。

第二，能够模拟相关区域、行业因资源环境审计实施的影响而引起的环境效率、经济增长、技术效率的变化。

第三，通过直接考察微观企业如何应对资源环境审计，在一定程度上打开了资源环境与企业行为之间的“黑箱”。本书从企业技术创新、污染排放效率和 R&D 投入等行为是否受到资源环境审计实施的影响这一角度来分析，面对资源环境审计的实施，企业可以通过技术创新和增加 R&D 投入来提高污染排放效率，以应对资源环境审计的压力。同时，从长江上、中、下游不同流域层面进行横向对比，这无疑能够更加全面揭示资源环境审计对微观企业行为的影响，有助于更好地分析和解释审计对企业行为的影响机理。

（2）本书研究的现实意义。

第一，从政府的角度来看，本书的研究有利于帮助政府部门制定和完善资源环境审计的相关制度。本书的研究可帮助政府制定和完善资源环境审计相关的各项政策措施，降低政策传递过程中的各项阻滞，提升政策效力。本书从中观行业与微观企业角度出发，分析行业与企业行为变动的原因，梳理和分析出有利与不利的经济效果，推动政府部门制定和完善资源环境审计的相关法律法规，充分发挥资源环境审计的环境治理作用，推进生态环境保护与污染治理，最终促进人民福祉的提高。

第二，从长江流域的角度看，我国长江流域生态环境脆弱，同时，流域内经济发展存在较大差异。要发展经济，就需要发展工业，这难免会给生态环境带来压力，造成环境污染。如何协调流域内经济发展与环境保护之间的关系，是本书所关注的重要内容。本书以环境效率与经济增长等理论为基础，以实证分析为主线，通过政策模拟分析实施资源环境审计对环境效率、经济增长、行业技术效率、企业行为等方面的影响，同时也检验了其他各种因素对此的影响，有针对性地提出了相关的解决方案与建议，最终目的是要推动实施长江经济带大保护战略，具有实践应用上的重要意义。

第三，从长江流域内企业的角度来看，本书的研究有助于企业完善企业内部治理和监管结构。本书深入研究了企业是否会根据资源环境审计的实施来调整相关的经济行为（如税收规避、技术创新），为企业如何通过配置自身资源应对资源环境审计代表的环境治理提供了经验证据，并对如何治理、提高公司治理效率提出了合理且可行的建议。

1.2 探讨的主题

本书基于长江经济带研究资源环境审计的经济效果，并采用领导干部自然资源资产离任审计作为资源环境审计的代表，主要研究资源环境审计对环境效率、地区经济增长、行业技术效率以及企业行为（税收规避和技术创新）的影响。

1.3 概念界定

1.3.1 长江经济带概述

长江经济带是指沿着长江流域附近的经济圈。长江经济带沿线 11 个省市，具体包括上海市、江苏省、浙江省、湖北省、湖南省、安徽省、江西省、重庆市、四川省、贵州省、云南省，横跨我国东、中、西三大区域，面积大约为 205 万平方千米，人口和生产总值超过了全国的 40%，依托长江丰厚的资源和具有独特优势与巨大发展潜力，其沿线的城市得到了其他地区所没有的发展优势，由此可见长江经济带在我国的地位是不可取代的。

目前，长江经济带的发展格局可以涵盖为“一轴、两翼、三极、多点”。

“一轴”是指长江黄金水道为依托，发挥上海、武汉、重庆的核心作用，以沿江主要城镇为节点，构建沿江绿色发展轴。突出生态环境保护，统筹推进综合立体交通走廊建设、产业和城镇布局优化、对内对外开放合作，引导人口经济要素向资源环境承载能力较强的地区集聚，推动经济由沿海溯江而上梯度发展，实现上中下游协调发展。

“两翼”是指发挥长江主轴线的辐射带动作用，向南北两侧腹地延伸拓展，提升南北两翼支撑力。南翼以沪瑞运输通道为依托，北翼以沪蓉运输通道为依托，促进交通互联互通，加强长江重要支流保护，增强省会城市、重要节点城市人口和产业集聚能力，夯实长江经济带的发展基础。

“三极”是指长江三角洲城市群、长江中游城市群、成渝城市群为主体，发挥辐射带动作用，打造长江经济带三大增长极。①长江三角洲城市群：充分发挥上海国际大都市龙头作用，提升南京、杭州、合肥都市区国际化水平，以建设世界级城市群为目标，在科技进步、制度创新、产业升级、绿色发展等方面发挥引领作用，加快形成国际竞争新优势。②长江中游城市群：增强武汉、长沙、南昌中心城市功能，促进三大城市组团之间的资源优势互补、产业分工协作、城市互动合作，加强湖泊、湿地和耕地保护，提升城市群综合竞争力和对外开放水平。③成渝城市群：提升重庆、成都中心城市功能和国际化水平，发挥双引擎带动和支撑作用，推进资源整合与一体发展，推进经济发展与生态环境相协调。

“多点”是指发挥三大城市群以外地级城市的支撑作用，以资源环境承载力为基础，不断完善城市功能，发展优势产业，建设特色城市，加强与中心城市的经济联系与互动，带动地区经济发展。

1.3.2 资源环境审计概述

1.3.2.1 定义

环境是指影响人类生存和发展的多种天然的和经过人工改造的自然因素的总体，包括大气、海洋、土地、矿藏、森林、草原、野生动物、自然遗迹、人文遗迹、自然保护区、风景名胜区、城市和乡村等，几乎包罗人类生存和发展的所有基本条件①。

国际上，不同机构对资源环境审计的定义各不相同。例如，美国环保局提出的环境审计定义是“由会计师事务所或其他法定机构对适用于环境要求的有关业务经营及活动所进行的系统的、有证据的、定期的、客观的检查”。国际内部审计师协会提出的环境审计定义是“环境审计是环境管理系统的一个组成部分，借此，管理部门可确定组织的环境管理系统在确保组织的经营活动符合有关规章和内部政策的要求上是否充分”。国际商业协会对环境审计的定义是“环境审计是环境管理的工具，它是对与环境有关的组织、管理、设备等进行系统、客观的估价，并通过有助于环境管理和控制，有助于对公司有关环境规范方面的政策鉴证等手段，来达到保护环境的目的”（陈淑芳和李青，1998）。

---

① 厉以宁，章铮．环境经济［M］．北京：中国计划出版社，1995.

从上述定义可以看出，环境审计的功能强调通过审计这种“工具”或“手段”，达到保护环境的目的。

1.3.2.2　内涵

刘长翠等（2014）指出，界定资源环境审计的内涵需要考虑资源环境审计的外部因素和内部因素，其中，外部因素包括外部的经济增长及与之相关的环境污染、生态破坏、资源耗竭，社会发展及与之相关的社会心理、社会文化、环境价值观与社会承受度，以及国家治理与政治文明要求下生态文明、法制文明等。

从内涵看，资源环境审计是由审计主体针对被审计单位与环境有关的经济活动客观地收集和评价证据，判断其认定与既定标准间的符合程度，并将评价结果以报告形式传达给利害关系使用者的一种监督行为。而领导干部自然资源资产离任审计的包括政策审计、资金审计、项目审计、法规政策制度执行审计、监管审计和报表审计。其中，政策审计旨在检查和评价政府及相关部门制定的自然资源资产监管、环境保护政策是否符合国家法律法规、经济和社会可持续发展战略，是否符合区域内的社会经济环境，是否存在重大缺陷，以及政策制度的建立是否完善、执行是否到位；资金审计是检查自然资源资产监管和环境保护自己的筹集、管理和使用中是否存在漏洞和弊端，是否存在相关资金的侵吞、挪用和无效使用；项目审计是检查自然资源资产监管和环境保护工程（治理）项目的规划、建设、运行、管理及其效益情况，揭示和查处工程项目建设中存在的浪费资源、破坏环境等问题；监管审计是检查国土资源、发展改革、水利、农业、林业、环境保护、税务、财政、国资监督管理等部门机构职责分工是否合理和科学，监管制度建设是否健全，管理手段和管理活动是否科学、有效，同时评价监督管理职责履行情况，实施各项监管措施的成效，促使其全面履行资源性国有资产监督管理职责；报表审计则是检查自然资源资产负债表编制是否合规、准确，核算自然资源资产的平衡情况，评估当期自然资源资产实物量和价值量的变化，从而为建立生态环境损害责任终身追究制提供依据。

根据责任主体的不同，政府资源环境审计可分为针对各级政府开展的传统意义上的政府环境审计和针对个人开展的特殊的政府环境审计，也就是领导干部自然资源资产离任审计（李丽和孙文远，2019）。与传统的资源环境审计相比，领导干部自然资源资产离任审计的内涵更加丰富，所以本书选用领导干部自然资源资产离任审计作为资源环境审计的代表，并进行了相关的实证研究。

1.3.2.3　目标

从审计目标看，资源环境审计的目标在于评价资源环境保护法律、法规和制度的执行情况，促进国家完善资源环境立法，提高各级资源环境保护部门的执法水平（林忠华，2014）。而领导干部自然资源资产离任审计的目标主要在于，促进我国走出一条低投入、低消耗、少排放、高产出、能循环、可持续的新型工业化道路，推动形成节约资源和保护环境的空间格局、产业结构、生产方式和生活方式，推进建设以资源环境承载力为基础、以自然规律为准则、以可持续发展为目标的资源节约型、环境友好型社会。由此可见，与单一的资源环境审计相比，领导干部自然资源资产离任审计的目标重在关注资源环境保护的经济效果，而资源环境审计的目标重在关注资源环境保护方面的法律制度建设和执行层面。

1.3.2.4　内容

从审计内容看，资源环境审计主要包括对资源环境保护资金筹集、使用和管理的审计，对资源环境保护投资项目的审计，对资源环境保护制度合理性、有效性的审计等内容。资源环境审计的类型包括环境财务审计、环境合规审计与环境绩效审计。

开展领导干部自然资源资产离任审计，则需要在审计自然资源资产负债表的基础上，重点关注以下内容：推进主体功能区战略实施，优化国土空间开发格局；加快转变经济发展方式，促进生产方式转型；着力加强生态保护与修复，营造良好生态环境；领导干部自然资源资产监管职责履行情况等。可见，与单一的资源环境审计相比，领导干部自然资源资产离任审计关注领域的范围更加宏观，发挥作用的领域更加宽广。

1.4　研究思路与结构安排

本书采用领导干部自然资源离任审计作为资源环境审计的代表，研究了自然资源环境审计的系列经济效果。全书的研究思路如图 1.1 所示。具体而言，本书以我国 2014 年实施领导干部自然资源资产离任审计试点为自然事件，基于离任审计可能导致试点地区政府官员环境治理动机的加强，在地区、行业和企业三个层面，比较领导干部自然资源资产离任审计对长江经济带内各流域（包括上游、中游和下游）、各行业以及长江经济带辖区内的“资源型及重污染企业”与“非资源型或非重污染企业”的经济效果，据此分析资源环境审计（领导干部自然资源资产离任审计）的经济效果。

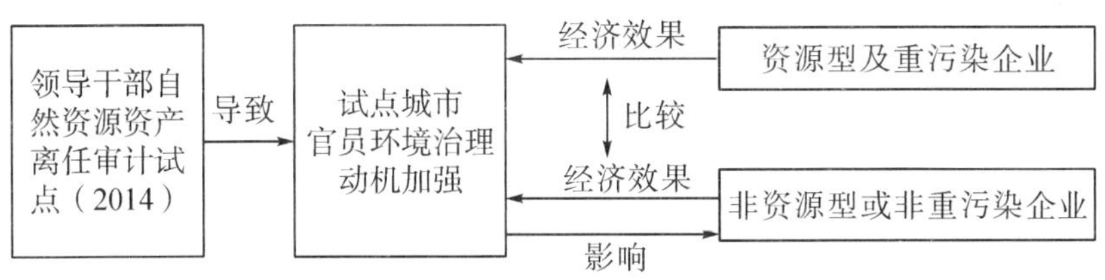

图 1.1　全书的研究思路

全书的结构安排见图 1.2。全书内容主要包括文献评述与现状分析篇（第 2 章）、资源环境审计的演进与作用机制分析篇（第 3 章）、资源环境审计对环境效率的影响分析篇（第 4 章）、资源环境审计对地区经济增长的影响分析篇（第 5 章）、资源环境审计对行业技术效率的影响分析篇（第 6 章）、资源环境审计对企业行为的影响分析（第 7 章）以及提高资源环境审计经济效果的政策建议篇（第 8 章）。

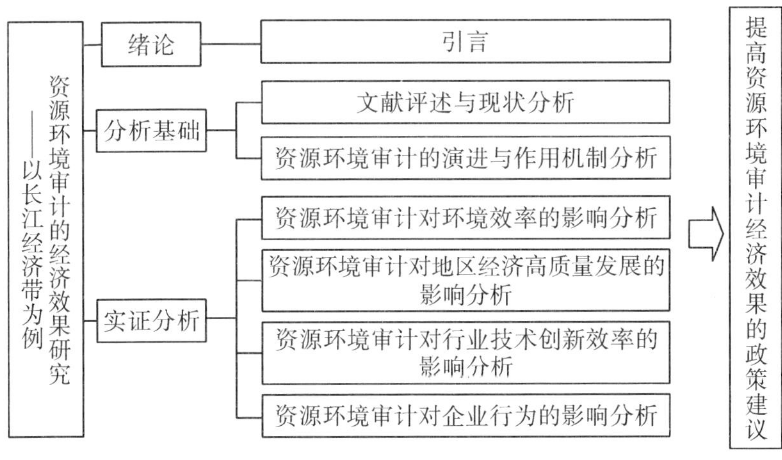

图 1.2　全书的结构安排

1.5　研究方法

（1）文献研究法。本书通过广泛收集国内外有关研究资源环境审计经济效果的文献，总结了资源环境审计各方面的经验启示。

（2）历史分析法。本书通过对资源环境审计史进行系统梳理，分析了资源环境审计的历史演进，进一步明确资源环境审计在推动国家环境治理中的作用，以及资源环境审计治理功能的拓展与创新。

（3）归纳演绎法。本书通过对资源环境审计发展历史、国际经验等内容的分析，总结了资源环境审计在推动国家环境治理中的作用以及资源环境审计如何发挥其治理作用，然后提出在我国目前情况下，资源环境审计的理念、内容、方式以及模式等。

（4）案例经验总结法。本书通过总结资源环境审计的特征，分析了资源环境审计推动国家环境治理应当具有的特征，通过对国际资源环境审计的经验进行总结分析，说明资源环境审计在国家环境治理中的作用。

（5）实证研究法。一是通过手动收集相关审计年鉴、统计年鉴以及国内研究机构发布的相关数据，从资源环境审计推动环境治理的作用方面进行验证；二是通过对审计署网站上公布的审计结构公告等内容进行归类总结，统计说明资源环境审计在推动环境治理方面的作用；三是基于面板数据采用差分模型对资源环境审计的经济效果进行分析。

1.6 创新与不足

（1）本书的创新之处。

第一，本书拟从历史发展和理论上对资源环境审计的环境治理功能进行深入系统的研究。基于外部性理论和利益相关者理论，本书首先从理论上分析和论证了资源环境审计的必要性，然后从资源环境审计的发展历史和资源环境审计的功能方面论述了资源环境审计推动国家环境治理能力现代化的作用机理。

第二，本书从区域、行业和企业三个层面对资源环境审计推动国家经济发展、国家环境治理能力现代化以及微观企业行为优化进行实证检验。本书分析了资源环境审计在推动国家经济发展、国家环境治理能力现代化以及微观企业行为优化方面的机制与作用，具体包括资源环境审计对于经济增长、行业技术效率、企业税收规避和技术创新行为的影响，证实了资源环境审计对短期经济增长的“抑制”效应、对长期经济增长的“促进”效应、对环境规制影响技术创新效率的“替代”效应、对企业税收规避的“监督”效应以及对企业技术创新的“激励效应”。

第三，为了更好地推动国家环境审计治理能力现代化，本书尝试提出资源环境审计推动国家环境审计治理能力现代化的机制与路径，以期让资源环境审计能更好地服务于国家治理。

（2）本书的不足之处。

第一，本书研究的资源环境审计涉及审计学、环境经济学、管理学等多个学科，理论众多，但研究深度有待进一步提高。

第二，与发达经济体相比，中国的资源环境审计起步较晚，资源环境审计立法和制度体系建设尚处于探索与不断完善的过程中，因而，资源环境对区域经济、行业和微观企业的影响结果可能取决于使用何种测度指标，特别是对资源环境审计的衡量指标而言，资源环境审计的指标比较粗糙，甚至不够完整，这导致污染排放指标得到的结果可能存在一定偏差。对于这一问题，本书仍未能有效解决。

第三，受制于数据的可得性，企业水平上资源环境审计的（净影响）未能得以验证。

上述不足也是笔者今后的研究方向。

2 文献评述与现状分析

截至2019年年底，中国知网（CNKI）学术界对资源环境升级进行了诸多的理论和实证研究，数据库主题词为“资源审计”的文献数高达2 000余篇，“环境审计”的文献高达6 000余篇。

2.1 资源环境审计的理论研究

资源环境审计的研究涉及经济学、环境科学、审计学与管理学等众多学科，属于多学科的交叉研究领域。

国外学者对资源环境审计的理论研究起源于20世纪90年代。从研究内容来看，格雷（Gray，2000）、吴等（Wu et al.，2003）、斯塔福德（Staford，2006）、库克等（Cook et al.，2016）等学者关于资源环境审计的理论研究主要关注的是资源环境审计的目标、定义和内容，其中内容包括生态系统生态绩效审计、废物管理审计等热点问题。阿瓦资·拉瑞和伏戈（Alvarez Larrauri and Fogel，2008）、库则克和欧斯则威斯克（Kluczek and Olszewski 2017）、斯查特隔尔和罗格荣（Schaltegger and Roger，2017）、钱（Qian et al.，2018）等学者对资源环境审计的案例研究则重在研究如何决定资源环境审计的基础、标准、作用机制、评价方法和进行路径依赖分析。从研究方法来看，资源环境审计的理论研究主要包括综述型理论研究、现状-对策型理论研究、具体理论型理论研究、文献综述型理论研究等。

在理论基础方面，目前，学者们对资源环境审计的研究主要基于如下理论：国家治理理论、利益相关者理论、协同理论等。

我国学者对资源环境审计的理论研究起步较晚，开始于20世纪90年代中期。直到21世纪初，相关理论才被国内学术界认识和了解。1994年发布的

《中国21世纪议程》首次提及了环境审计示范工程，标志着我国开始构建环境审计的基本理论体系。经过一段时间的研究和积累，资源环境审计理论在我国也得到了一定的发展，我们开始注重中国特色的环境审计理论体系的构建或国际环境审计理论的中国化，研究范围包括环境审计理论基础、动因、本质、职能、目标、假设、原则、准则、程序、方法、主体、对象等，实务研究上与国际接轨，密切关注最高国家审计机关主导下的环境绩效审计和企业层面的环境审计，后者包括环境管理体系审计、环境财务审计、环境责任审计（张长江 等，2011）。

在我国，刘达朱等（2002）率先研究了政府环境审计产生的原因及实施的技术方法，把政府环境审计的产生主要归于外部条件。张以宽（2003）认为，审计环境应由经济环境、自然环境、政治法律环境、科学技术和文化环境四个部分组成。姜毅（2003）则从政治、经济、法律、科技、社会、文化教育环境等方面研究了各项审计环境的影响，认为环境审计存在于特定的环境之中，并在特定的环境之中发展。刘志军（2006）指出，构成环境审计环境的因素可以分为环境审计环境的正面影响因素和反面影响因素，认为由于客观条件的变化及人为因素导致的环境资源状况急剧恶化也会成为促进或刺激环境审计发展的外部环境因素。刘长翠等（2014）对资源环境审计环境的要素结构与理论定位进行了审视，分析了资源环境审计环境的理论影响和实践影响，从而提出通过完善转变经济增长方式与经济核算体系、改革审计模式、改革对地方政府和企业负责人的考核机制、建立健全资源环境审计的制度体系，对进一步优化资源环境审计的环境提出了对策。

可见，与其他环境审计理论要素的研究相比，我国当前的资源环境审计环境理论研究还比较薄弱，较注重对环境审计环境的重要性及构成要素的研究，而对资源审计与环境审计环境的整合研究、资源环境审计环境对资源环境审计实践的具体影响关注不够。即使有些成果较为全面地提出了环境审计环境的构成要素，但对各要素的研究也不够系统和深入。本书对资源环境审计环境的要素结构与理论定位进行了审视，对资源环境审计环境的具体影响及优化机制进行了初步研究。

领导干部自然资源资产离任审计作为一种特殊的资源环境审计，自2014年试点实施以来，得到了学术界的广泛关注，相关的研究层出不穷。国外学者对自然资源环境审计的研究最早可追溯到1970年，经过多年的发展，研究体系已较为成熟，但吉姆（Jim，2000）主要集中对自然资源审计的要点和目标进行研究，诺娜（Nonna，2010）则主要研究自然资源审计的方法、规则、标准和依据等方面。国内现有文献关于领导干部自然资源资产离任审计主要从概念、框架构建和指标设计（张宏亮 等，2105；林丽端和方金城，2018）等角度展开研究，也有学者从自然资源资产离任审计的理论、概念和相关配套制度（蔡春和毕铭悦，2014）、自然资源资产负债表的编制（耿建新和王晓琪，2014）、主体与客体、审计目标、内容和方法等（许萍和蔡晓帆，2015）进行了研究。

2.2 资源环境审计的实证研究

2.2.1 国际资源环境审计的相关实证研究

按审计主体的不同，资源环境审计可以划分为政府环境审计、企业环境审计和民间环境审计；根据审计的实务研究范围不同，资源环境审计可分为环境管理体系审计、合规性环境审计、环境绩效审计、环境财务审计、环境责任审计和其他专门环境审计等。我国资源环境审计的相关实证研究以案例研究为主，学者们将财务会计与环境管理相关的概念融入环境审计的研究中，提出相应的审计模型。研究对象主要集中在大型国有企业和重污染行业（如钢铁、煤炭、石油、化工）企业。

与资源环境审计的理论研究相比，资源环境审计的实证研究还相对较少，研究主题包括注册会计师在资源环境审计中的作用、内部审计师在资源环境审计中的作用、地区与公司的资源环境审计政策选择、资源环境审计的成本与收益、资源环境审计的相关法律诉讼、资源环境审计程序和技术方法等方面（李明辉 等，2011）。

早期一些学者对注册会计师在环境审计中的作用进行了调查。这些调查表明，尽管会计职业界将环境审计市场作为其新的业务增长点，但很少能够取得成功，目前的环境审计业务仍然主要由非会计师完成。托塞泽尔等（Tozer et al.，1994）对新西兰的调查表明，多数的环境审计业务主要是由具有民用与工业工程、生物与化学技能及知识的人士所完成，被调查者没有雇用会计师从事环境审计工作。池昂和莱特博迪（Chiang and Lightbody，2004）对新西兰的调查则表明，进入21世纪后，参与环境审计的财务审计师的数量在增加，但多数的财务审计师仍然没有从事环境审计业务，这或许是由于他们并没有从事环境审计业务的需求，或许是由于他们不具备相应的专业技能。穆尔和彼德（Moor and Beelde，2005）从和财务报表审计关系的角度分析了注册会计师在环境审计中的作用，他们认为，注册会计师参与环境审计，可以对环境管理系统进行独立、客观的评价，并且可以与科学家、工程师一起对企业的流程及其对环境产生的影响进行深入的了解和评价，从而实施全面审计。不过，詹比若克利（Zbirecikli，2007）认为，环境问题将会对企业的财务状况和长期财务安全产生显著影响，这促使会计和审计职业越来越关注环境问题。

在内部审计师在资源环境审计中的作用方面，艾利特（Elliott，1998）等研究了法律监管对公司环境审计的影响，发现对环境具有潜在危害的公司更可能实施环境审计。科克尔（Kolk，2008）等研究发现，公司是否对其社会环境报告进行审计受到治理理念和法律环境的显著影响，审计社会环境报告可以看成是对所在国家较弱的制度的弥补机制。米什拉（Mishra，1997）等的分析表明，监管部门评估公司环境报告的能力越强，公司越有动力进行环境遵循性审计，而当自我检查环境问题的收益提高时，公司在其战略当中纳入环境遵循审计的可能性也将会随之提高。巴俄（Bae，2006）等的研究发现，越来越多的公司开始实施环境审计，并且组织的行业特征会对其是否实施环境审计的决策产生影响。伽柏（Gabel，1994）等研究了管理层激励对环境审计的影响，发现了环境审计结果的相对准确性将会影响到管理层对传统业务和环境审计两方面的时间分配决策。他们进一步研究了环境审计对管理层激励的影响，发现在实施环境审计以后，最优工资的范围应当比未实施环境审计之时更大，实施环境审计的决策好坏和预期工资的高低取决于代理人的预防性动机是否超过其对风险的厌恶。在现有管理系统中加入环境审计将会促使管理层更加关注环境问题，恰当地设计环境审计可以实现对环境和其他问题的关注之间的平衡。达纳尔（Darnall，2008）的研究表明，组织对环境审计的利用政策受组织内外部利益相关者的影响。此外，斯塔福德（Stafford，2006）对美国不同州在环境审计政策方面差异的影响因素进行了实证检验，发现政治关系以及州与联邦政府之间的关系是影响环境立法与自我监管政策最主要的因素。

在地区与公司环境审计政策选择方面，艾利特等（Elliott et al.，1998）研究了法律监管对公司环境审计的影响。他们认为，对环境具有潜在危害的公司更可能实施环境审计，但研究结果并未支持这一假说。对此，他们认为，其原因在于这些公司可能并不认为环境问题是多大的问题或者是并未从战略层面来处理环境问题。此外，环境审计的成本也可能起到了决定性作用。科尔克研究发现，公司是否对其社会环境报告进行审计受到治理理念和法律环境的显著影响，审计社会环境报告可以看成对所在国家较弱的制度的弥补机制。米什拉等人的分析表明，监管部门评估公司环境报告的能力越强，公司越有动力进行环境遵循性审计。此外，当自我检查环境问题的收益提高时，公司在其战略当中纳入环境遵循审计的可能性也将会提高。巴俄等研究发现，越来越多的公司开始实施环境审计，并且组织的行业特征会对其是否实施环境审计的决策产生影响。伽柏研究了管理层激励对环境审计的影响，并发现环境审计结果的相对准确性将会影响到管理层对传统业务和环境审计两方面的时间分配决策。伽柏等进一步研究了环境审计对管理层激励的影响，发现在实施环境审计以后，最优工资的范围应当比未实施环境审计之时更大，实施环境审计的决策和预期工资的高低取决于代理人的预防性动机是否超过其对风险的厌恶。在现有管理系统中加入环境审计将会促使管理层更加关注环境问题，恰当地设计环境审计可以实现对环境和其他问题的关注之间的平衡。达纳尔等发现，组织对环境审计的不同利用政策与内外部利益相关者影响的差异有关。此外，斯塔福德对美国不同州在环境审计政策方面差异的影响因素进行了实证检验。结果表明，政治关系以及州与联邦政府之间的关系是影响环境立法与自我监管政策最主要的因素。

还有一些学者对资源环境审计的效益和成本进行了实证研究。在资源环境审计的效益方面，卡斯（Kass，1995）等指出，环境审计可以使公司更易于融资、发行证券，自愿实施环境审计还可以使公司改进环境管理，降低成本，提高公司的声誉。斯坦威克（Stanwick，2001）认为，环境审计的收益包括促使公司遵循相关的法律规章、减轻公司管理者潜在的法律责任、减少政府的检查和处罚、更容易获得政府订单、使公司的标准计量面向环境、从环境审计中获得的信息有助于公司制订经营计划、使公司避免环境危机和突发事件、使公司在利益相关者面前建立起正面的形象。穆尔和彼德（Moor and Beelde，2005）则指出，环境审计最主要的收益在于之后的纠正行动可以降低公司的环境风险。汤普森和威尔森（2001）指出，环境审计和环境影响评价所收集的公司层面的信息可以作为地区或者国家层面环境状况报告和新国民账户体系的基础。霍夫曼（Hoffmann，2003）对德国公司的研究发现，实施资源环境审计不仅对环境流程和组织革新具有积极的影响，而且对产品的革新活动也具有积极影响。这一影响取决于特定的内外部因素，如在价值链中的位置、研发部门的参与程度等。他们还认为环境管理系统对环境流程革新具有积极影响，环境报告促进了技术性环境革新的普及。

环境审计在产生巨大收益的同时也存在巨大的成本。资源环境审计的成本不仅是指允许工业企业自愿参加生态管理和审计联合体系的规则，包括支付给审计师的费用，还包括许多潜在的经济或非经济的损失。在资源环境审计的成本方面，学者们发现，公司实施环境审计的障碍包括：审计成本、对管理层绩效评价的影响的担心、对潜在的法律问题的担心、对负面宣传的担心、审计收益的不确定性、不愿意发现存在的问题、对现有环境绩效已经感到满意等方面。

此外，环境审计也可能产生相关的法律诉讼问题。卡斯等学者指出，环境审计不仅需要花费成本，而且会涉及公司过去和现在的许多秘密信息，许多公司的董事和高管担心环境审计会成为用来对付他们的一种手段，即使可能因为实施资源环境审计而遭受法律诉讼，公司还是有许多理由来进行环境审计，例如，债权人、潜在的客户以及证券法中的披露规则都可能要求环境审计。斯特斯瓦（Stensvaag，1998）则从法律角度对环境审计豁免权问题进行了分析。朗（Lang，1999）分析了公司在环境审计方面所面临的立法、监管和司法上的两难困境后指出，采用覆盖整个公司的遵循性审计计划，以确保其善意地遵循了环境规章并表明其确实注意到可能的环境影响，可能是一种稳健的政策。里昂（Lyon，2006）的研究表明，非政府组织对公司的漂绿行为进行惩罚，将会诱使公司更少地披露环境业绩，而要想促使公司充分披露其环境信息，就应当鼓励公司建立环境管理系统的公共政策，而不是实施惩罚制度。

在环境审计规则与立法的研究方面，希拉里（Hillary，1995）对欧盟EMAS的产生过程和内容进行了介绍和分析。赫普斯（Hepler，2003）对美国国防部的“环境评价与管理”指引、美国环境保护署的“联邦设施环境审计草案”以及ISO14001“环境管理系统审计”这三个环境审计工具进行了比较。卡希尔（Cahill，2002）则对环境审计可以采用的权威性依据（准则）进行了系统归纳。

一些学者通过对环境审计师的访谈研究了相关规则的具体实施情况。如克里森（Collison，1996）对英国财务审计师进行访谈后发现，多数被调查者认为，审计师关注环境问题十分重要，相关部门应当制定环境审计指南。阿门贝尔（Ammenberg，2001，2005）等对13位来自9个注册会计师团体的瑞典审计师进行访谈后发现，审计师们对ISO14001有关核心条款的理解存在差异。在瑞典公司中，环境管理系统与产品之间的关联是相当小的，产品很少会被看成重要的环境因素，因而很少被纳入环境管理系统的范围，环境管理系统主要关注场所。但所有被调查者都认为，在开发产品时应当考虑某些环境因素。

在环境审计程序和技术方法的研究方面，佩里（Perry，1985）阐述了如何运用环境审计对爱达荷州的水质量管理计划进行全面评估。纳图（Natu，2005）等也都对环境审计的步骤进行了探讨。穆尔和彼德则对传统财务报表审计与环境审计的步骤进行了比较。迪亚艺蒂（Dia-mantis，1996）分析了在实施环境审计时如何选择适当的环境指标的程序。此外，有许多学者结合具体的案例对环境审计中的环境评估技术方法进行了介绍。

此外，还有学者对环境审计具体应用的相关案例进行了研究，威斯华纳丹（Visvanathan，1998）介绍了一家中等规模的泰国食品厂实施综合环境审计以实现清洁生产的情况。巴德林纳斯特（Badrinath，1995）、汤姆林森（Tomlinson，1987）、阿瓦资·拉瑞和伏戈（2008）对相关国家实施环境审计的情况进行了介绍和分析，他们回顾了美国和英国环境审计的相关技术和案例，介绍了墨西哥和印度实施环境审计的情况。思科莱尔和盖贝尔（Sinclair-Desgagné and Gabel，1997）研究了资源环境审计对最优工资的影响，提出开展资源环境审计后应当调整最优工资的政策建议。卢（Lu，2020）采用空间计量模型，研究了国际上影响资源环境审计实施效果的因素，发现在国际上，资源环境审计的实施效果存在邻近地区的示范效应和溢出效应。

2.2.2 国内资源环境审计的相关实证研究

国内学者主要关注了资源环境审计对经济增长、企业环境信息披露等方面的影响。浙江省审计学会课题组（2004）运用经济学中的边际分析法就太湖流域水污染综合治理环境审计进行了调查研究，发现太湖流域水污染综合治理环境审计在审计机构体制、环境审计范围、审计准则和技术方法、环境会计与环境信息披露、环境审计人员素质、环境审计的理论支撑等方面存在不足，进而提出了相应的改进措施。蔡春等（2019）基于“三河三湖”环境审计的经验证据，研究了政府环境审计对企业环境责任信息披露的影响，发现政府环境审计显著提高了企业的环境责任信息披露水平和环境责任信息披露质量，促进了企业环境信息披露责任的履行；在法治化水平相对落后的地区，政府环境审计对提高企业环境责任信息披露水平的作用更大，而在法治化水平较高的地区，政府环境审计对提高企业环境信息披露质量的作用更大；在分析师和媒体关注度都越高、内部治理机制越弱的企业中，政府环境审计对提高企业环境责任信息披露水平和环境责任信息披露质量的作用越显著。此外，政府环境审计对企业环境信息披露的作用也有助于降低企业未来股价崩盘风险。张龙平等（2019）则研究了国资源环境审计对低碳发展的影响，发现资源环境审计能够促进低碳发展，资源环境审计的预防、揭示和抵御功能越强的地区，低碳发展水平越高；制度环境和财政状况越好的地区，资源环境审计促进低碳发展的作用发挥得越好。曾昌礼和李江涛（2018）实证研究了政府环境审计与环境绩效改善之间的关系，发现政府环境审计具有环境治理功能，且当政府审计强度越大、政府间竞争越弱、制度环境越好时，政府环境审计的境污染治理功能越好。

此外，李志强等（2020）运用博弈论对环境责任与经济责任融合审计模式进行了分析与探讨，提出通过“审计机关重视审查政府机构负责人的履职情况；降低审计机关的识别成本，提高审计监督能力；加大对履职不当的政府机构负责人的惩处力度，降低违规可能性；提高政府机构负责人履行两责任的协调能力，降低其履责成本；提高政府机构负责人尽职履责的预期收益”等措施来推动融合审计的实施，进而促进环境与经济的协调发展。蔡春等（2020）以环境污染为视角，研究了经济责任审计与地方政府治理之间的关系，发现经济责任审计具有治理功能，经济责任审计强度越大，地方政府治理效率越高，其作用更为明显，他们从经济发展质量考察发现，经济责任审计对地方政府治理的积极作用主要发挥在高 GDP 增长组及低 GDP 水平组。

喻开志等（2020）选取 2006—2016 年我国 30 个省份的数据，利用超效率 DEA 模型计算大气污染治理效率，然后对国家审计与大气污染治理效率之间的关系进行了实证分析。研究发现，国家审计能够促进大气污染治理效率，且国家审计对大气污染的治理作用在财政状况较好的地区更为显著。

2.2.3 领导干部自然资源资产离任审计的相关实证研究

领导干部自然资源资产离任审计作为一种特殊的资源环境审计，自 2014 年试点实施以来，得到了学术界的广泛关注，相关的研究层出不穷。国内外学者对于领导干部自然资源资产离任审计的研究主要集中在规范层面，直到最近开始有国内学者从实证角度论证自然资源资产离任审计的政策效果。关于领导干部自然资源资产离任审计的实证研究方面，刘文军和谢帮生（2018）研究表明，领导干部自然资源资产离任审计能够显著降低公司的盈余管理程度，同时抑制公司正向和负向的利润操纵。全进等（2018）进一步研究发现，领导干部自然资源资产离任审计的实施会显著提高没有政治关联企业的权益资本成本，但有政治关联企业的权益资本成本未受到显著影响。蒋秋菊和孙芳城（2019）以我国 2014 年领导干部自然资源资产离任审计为自然实验事件，系统考察了领导干部自然资源资产离任审计与资源型和重污染型企业税收规避强度之间的关系，以及产权性质和财政压力对二者关系的调节作用。他们的研究发现，领导干部自然资源资产离任审计的实施显著降低了资源型和重污染型行业公司的避税强度，且这种效应更多地存在于非国有企业和地方政府，不存在于财政压力地区的企业中，这表明实施领导干部自然资源资产离任审计能够对企业税收规避行为发挥监督效应。张琦等（2019）实证检验了实施领导干部自然资源资产离任审计的环境治理效应，但发现相对于非试点城市，试点城市的财政环保投入与辖区内企业环保投资均显著增加，且企业环保投资增加主要集中在国有企业，并认为试点城市给予企业环保补助是导致其增加环保投资的一种可能机制。此外，试点城市并未显著出现对环境指标的短效干预行为。孙文远和孙媛媛（2020）以领导干部自然资源资产离任审计试点为例，实证研究了资源环境审计对经济高质量发展影响，发现资源环境审计在一定程度上可以改善环境，通过加强对领导干部履职情况的监督，即开展领导干部自然资源资产离任审计能促进经济高质量发展。李秀珠和刘文军（2020）进一步研究了领导干部自然资源资产离任审计对企业债务融资的影响，发现离任审计提高了相关企业债务资本成本，包括银行借款成本和债券融资成本；离任审计降低了企业未来债务融资规模，有微弱的证据显示离任审计降低了企业获得商业信用的规模。

2.3 长江经济带的相关研究

推动长江经济带发展是我国区域发展的重大战略，实施资源环境审计是实现长江经济带高质量发展的必由之路。2016 年，习近平总书记提出，当前和今后相当长一个时期，要把修复长江生态环境摆在压倒性位置，共抓大保护，不搞大开发。2018 年，习近平总书记再次强调，要正确把握生态环境保护和经济发展的关系，探索协同推进生态优先和绿色发展新路子。自 2013 年以来，长江经济带绿色发展的相关规划和政策不断出台，学术关注度、传播度和媒体关注度都急剧上升。截至 2019 年，中国知网（CNKI）学术界对长江经济带发展过程中的相关问题进行了诸多的理论和实证研究，数据库主题词为“长江经济带”的文献数高达 10 000 余篇。这些研究涉及资源环境审计、绿色发展指标、战略发展、产业转移、城市体系、差异影响因素评估、空间差异分析等诸多领域。

一些研究团队也发布了综合性的研究报告，湖南省社会科学院推出了《长江经济带绿色发展报告（2017）》、湖北省社会科学院和长江出版社共同出版了《长江经济带高质量发展指数报告》、王振等主编了《长江经济带发展报告（2017—2018）》、世界自然基金会（WWF）与长江科学院、态环境部环境规划院等合作开展了《长江生命力报告》研究等。这些研究为研判长江经济带绿色发展进程和形势提供了丰富的参考。

为此，不同于现有关于长江经济带资源环境审计的研究，本书旨在结合近几年有关长江经济带资源环境审计的相关文献及研究报告，全面梳理在长江经济带范围内实施资源环境审计的经济效果，并从环境效率、行业技术效率、经济增长以及企业行为层面进行检验，寻找相关研究记录的异同点，以求展现长江经济带近年来实施资源环境审计的全貌，研判长江经济带实施资源环境审计的基本形势，为进一步推动长江经济带经济高质量发展提供决策支持。

2.4 长江经济带资源与环境的现状分析

2.4.1 长江经济带能源生产与环境的现状分析

随着长江经济带经济的快速增长，能源消耗量逐年增加。2017 年，长江经济带 11 省市能源消费总量为 13 亿吨标准煤，化石能源消费总量占比为 89%，其中，煤炭消费总量占比为 40.6 %，石油消费总量占比为 37.8%，天然气消费总量占比为 10.6%；非化石能源，即可再生能源消费比重仅为 11 %（《中国统计年鉴 2018》）。

图 2.1 显示出长江经济带 11 省市 2010—2017 年能源消费结构的状况，可以看出，煤炭消费始终占据43%左右的份额，能源消费结构格局多年以来没有发生根本性的转变，暴露出长江经济带经济发展对煤炭的严重依赖，加上石油、天然气等化石能源的消费，长江经济带 11 省市对化石能源的依赖程度高达 90%以上，这与全国的能源消费结构情况一致。多年来，在资源可持续性及替代能源的使用上也没有出现根本性转变，这体现了长江经济带 11 省市的工业发展对资源和能源的高度依赖以及其增长方式变革性改变的极度困难。

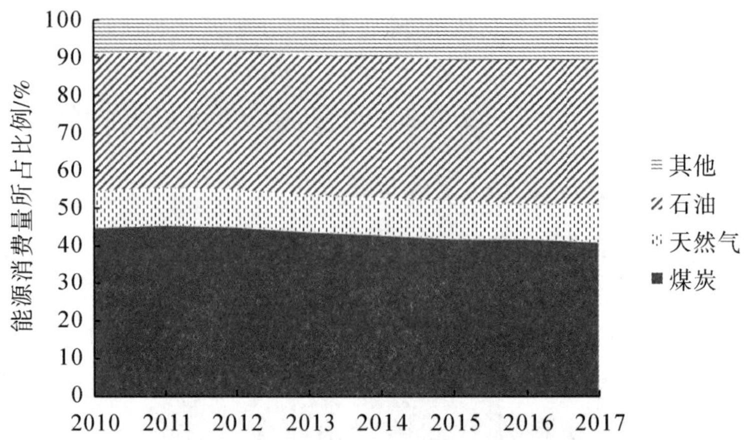

图 2.1 长江经济带 11 省市 2010—2017 年各能源品种消费量所占百分比

资料来源：作者整理《中国统计年鉴》而得。

2.4.2 长江经济带资源与能源利用状况

（1）水资源和森林资源丰富。

长江经济带内自然资源丰富。其中，2017 年长江水资源总量为 1.33 万亿立方米，用水总量为 2 475.87 亿立方米，11 省市人均水资源为 2 242 立方米，万元 GDP 水资源的消耗为 355.79 立方米，是发达国家的 7~9 倍（数据由作者根据《中国统计年鉴 2018》整理计算而得）。2010—2017 年长江经济带 11 省市水资源情况如图 2.2 所示。从图 2.2 可知，长江经济带内水资源总量和人均水资源总量逐年呈现波动态势，2016—2017 年有下降趋势，这在一定程度上会影响长江经济带的社会生产、经济发展和人民生活，此保护和节约水资源是实现长江经济带高质量发展的必然选择。

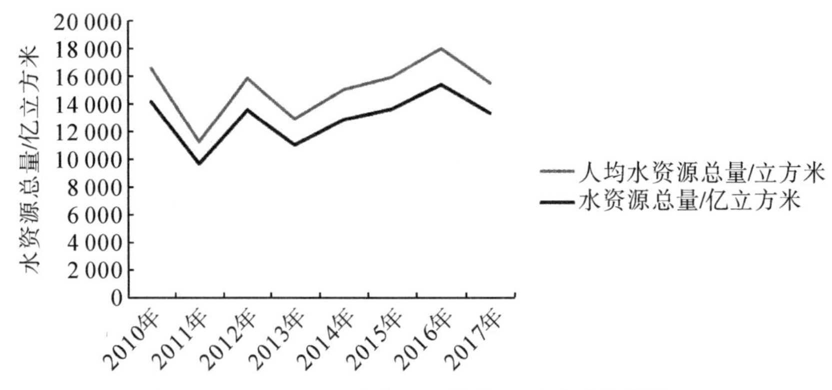

图 2.2 2010—2017 年长江经济带 11 省市水资源情况

资料来源：作者根据《中国统计年鉴 2018》整理计算。

森林资源方面，长江经济带范围内具有自然保护区、风景名胜区等自然保护地 3 065 处，占地面积约为 38.7 万平方千米，森林、湖泊湿地分别为 96.7 万平方千米和 14.8 万平方千米。

（2）能源利用效率低下。

经济发展对资源和能源需求总量持续攀升，长江经济带 11 省市主要能源产品消费量大于生产量，缺口巨大。以煤炭为例，2017 年长江经济带内 11 省市的煤炭消费量是 12.76 亿吨，而生产量只有 0.88 亿吨，缺口达 10 亿吨（2010—2017 年长江经济带 11 省市煤炭消费量与生产量对比如图 2.3 所示）。因此，2010—2017 年，长江经济带能源消耗水平居高不下，资源和能源的利用效率低下，可能存在较为严重的资源和能源浪费问题。

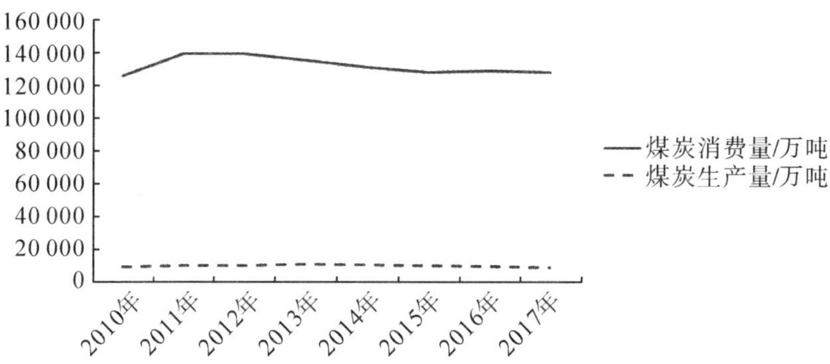

图 2.3　2010—2017 年长江经济带 11 省市煤炭消费量与生产量对比

资料来源：作者根据《中国统计年鉴 2018》整理计算。

2.4.3　长江经济带环境污染状况

（1）水环境污染。

2010—2017 年长江经济带 11 省市水环境污染情况如图 2.4 所示。从图 2.4 可知，2010 年，长江经济带 11 省市废水（包括工业废水和生活废水）排放总量达 261.98 亿吨，2017 年，这一数据为 310.38 亿吨，废水排放总量呈逐年增加态势。在 2010 年长江流域水质的监测截面中，整个长江水系（包括干流和主要支流）有 88.6%的断面符合 III 类以上水质标准，可作为集中式饮用水源。劣 V 类水质占 1%，丧失了使用功能，属严重污染。到了 2017 年，长江流域水质的监测截面中，干流和主要支流分别有 100%和 82.5%的断面符合 III 类以上水质标准，可作为集中式饮用水源，主要支流劣 V 类水质占 2.4%，丧失了使用功能，属严重污染。因此，长江流域内水污染物排放量仍然超过水环境容量，饮用水安全受到威胁，废水治理问题亟须解决。

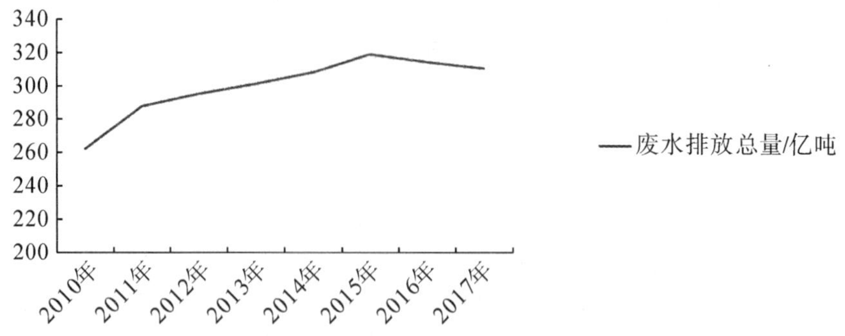

图 2.4 2010—2017 年长江经济带 11 省市水环境污染情况

资料来源：作者根据历年《中国统计年鉴》和《中国环境公报》整理计算。

（2）大气环境污染。

2010—2017 年长江经济带 11 省市大气环境污染情况如图 2.5 所示。从图 2.5 可知，2010 年以来，长江经济带范围内各省市的二氧化碳（SO_2）、烟尘、工业粉尘排放总量呈现出“上升—下降—上升—再下降”的阶段式趋势。2010—2017 年长江经济带 11 省市废气排放平均量年均增长率为 3.37 %。

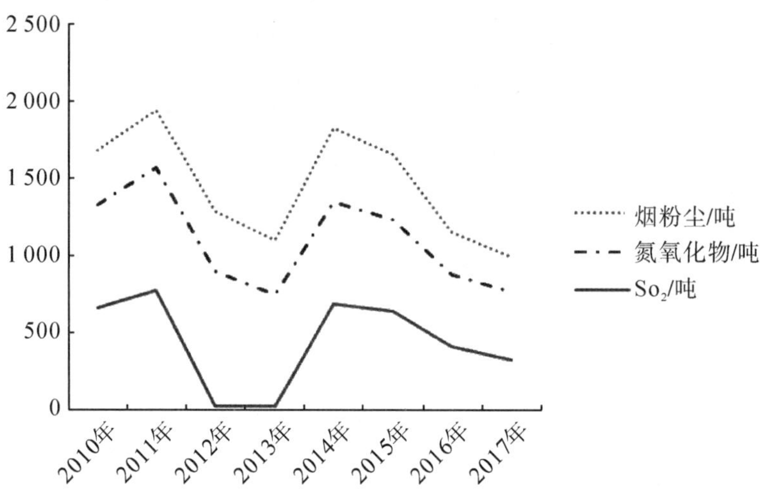

图 2.5 2010—2017 年长江经济带 11 省市大气环境污染情况

资料来源：作者根据《中国统计年鉴 2018》整理计算。

（3）固体废物污染。

2010—2017 年长江经济带 11 省市固体废物污染情况如图 2.6 所示，由图 2.6 可知，2010—2017 年，长江经济带 11 省市的固体废物排放量和危险废物产生量波动增加，对固体废物污染的管理亟待加强。

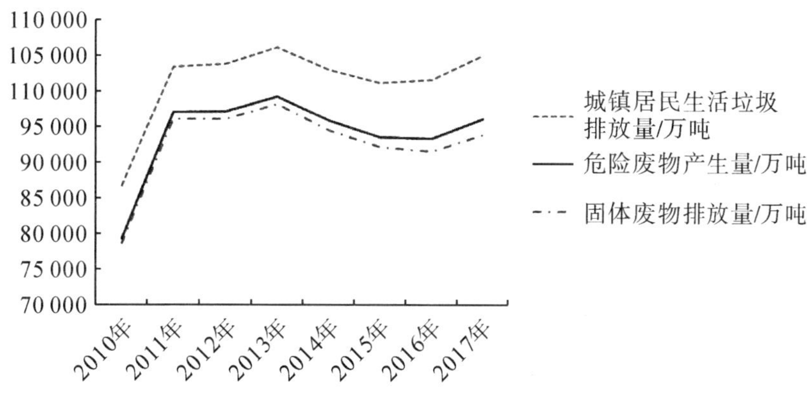

图 2.6 2010—2017 年长江经济带 11 省市固体废物污染情况

资料来源：作者根据《中国统计年鉴 2018》整理计算。

2016 年，习近平总书记提出，当前和今后相当长一个时期，要把修复长江生态环境摆在压倒性位置，共抓大保护，不搞大开发。为积极响应“共抓大保护，不搞大开发”的国家政策部署，审计署从 2017 年 12 月到 2018 年 3 月，耗时四个月，对长江经济带 11 个省市进行了资源环境审计。审计的对象是资金的使用情况和相关环境保护政策和措施的执行情况。审计发现，部分省份对党中央提出的长江经济带的政策和决定进行了认真研究和积极执行，并积极采取各种措施保护生态环境，生态环境的质量得到了改善。以污染防治为例，2010—2018 年，11 个省市的污水处理能力提高了 8%，垃圾处理能力提高了 11%。大约 90%的省市产业集群已建成污水处理设施。同时，一些问题也浮出水面，尤其是在污染治理、资源开发、资金管理和使用方面。例如，一些水电站的建设问题，间距小，开发强度大，某些水电站间距仅 100 米，这样不科学的开发和建设，导致河流的断流问题严峻，断流河段总长为 1 017 千米。另外由于统筹治理不到位等原因，我国主要湖泊水质不达标。值得庆幸的是，此次审计，对开发管控，开发区的审批设立，开发区的污水集中处理，跨区域、跨领域的环境防控问题，饮用水源问题，生态环境保护资金和项目绩效问题提出了整改意见方案，各级政府部门积极响应，企事业单位积极配合，通过早发现、早治疗促进了长江经济带范围内各省市环境保护与经济发展的协调统一。

3 资源环境审计的演进与作用机制分析

3.1 资源环境审计的产生逻辑

现代企业的运行与发展离不开公司治理。传统的公司治理理论认为，企业以利润最大化或股东利益最大化为最终目标。然而，这种观点比较“狭隘”。实际上，企业存在的价值不仅表现在为股东创造财富，还体现在为员工提供工资和发展平台、为顾客提供产品或者服务、为国家缴纳各种税金等方面，这意味着，现代企业的责任范围不仅仅局限于股东，还包括更大范围的社会群体，如债权人、雇员、所处社区成员等公司的利益相关者。因此，企业行为决策也应当考虑社会伦理、道德和社会责任等方面，其中，保护生态环境就是一项十分重要的社会责任。

图 3.1 描述了环境审计产生的逻辑。由于信息不对称和环境治理成本的存在，企业有动机做出一些环境机会主义行为①，如污染排放、污染转移等。这些环境机会主义行为的后果是环境污染，当环境污染超出社会公众的容忍范围，就会催生社会公众对环境问责的需求，进而催生社会对资源环境审计的需求。因此，资源环境审计产生的背景是环境问题的治理需要，资源环境审计不仅是公司治理的重要手段之一，也是环境问责机制的重要组成部分。

---

① 机会主义行为是经济学中的一个重要概念，是对新古典利己主义理性人假定的延伸。杨小凯等认为，机会主义是人们追求自利行为交互作用中产生的一种对策行为，这种机会主义对策行为就是“损人利己”。

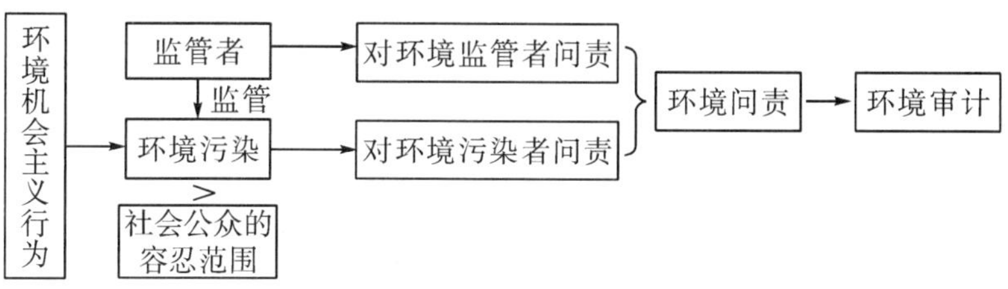

图 3.1　环境审计产生的逻辑

3.2　资源环境审计的产生与演进历程

3.2.1　国际资源环境审计的产生与演进历程

1962 年美国作家莱切尔卡特出版《寂静的春天》一书，首次宣传环境污染的危害，引起了人们对于环境保护的高度重视，这也标志着审计开始进入环境保护和环境管理责任领域中，从那时起，审计开始关注政府及企事业单位的环境责任。

国际上较早开展资源环境审计的国家包括美国、加拿大、澳大利亚、荷兰、日本、印度等国，各国开展的审计模式不尽相同。至今，各国基本上已建立并实施了完善的资源环境审计制度和法律法规，并且在实践中已经取得较为满意的效果。

美国是国际上最早开展资源环境审计的国家，早在 1969 年，美国审计总署就对水污染控制项目进行了审计。但在 20 世纪 70 年代后，资源环境审计才得到真正的发展。1972 年，联合国环境规划署在瑞典首都斯德哥尔摩召开的人类环境会议上提出，环境问题不能只用科学技术的方法解决污染，还需要用经济、法律、行政等综合方法和措施，从其与社会经济发展的联系中全面解决环境问题。1970 年和 1972 年，美国相继颁布了《清洁空气法》和《清洁水法》，随后颁布了《资源保护和回收法》，这些法律实施后，一些企业为了避免和减少因污染环境遭受罚款，开展了由内部审计师进行的环境审计，因此，环境审计作为一种新的审计门类在实践中逐步兴起，并成为环境管理系统的基石。这个时期的环境审计大多数只在欧美发达国家的大型企业开展，属于内部环境审计。

此外，美国建立了《美国政府审计准则》，对资源环境审计工作提出具体的指导和参考标准，并制定了相关的操作指南。在多年实践中，美国还建立了国家标准，详细地规定了资源环境审计的发展、实施计划和每一个阶段的目标，该标准也成为美国资源环境审计的重要依据。全国自上而下的环境审计体系在美国已经形成，各企业和机构均按照法制环境的标准规范和要求来运作。

20 世纪 80 年代，不仅企业内部审计师开展的环境审计有了发展，美国审计总署和加拿大审计总署以其他一些国家的最高审计机关也根据议会的要求开展了环境审计。1981 年，美国审计总署在对新泽西州含毒废料进行审计后，在审计报告中得出了“实施计划的基金使用不当”的结论。1987 年，世界环境与发展委员会应联合国的要求提出了一份长达 20 万字的报告——《我们共同的未来》，提出了世界各国环境政策和发展的“可持续发展战略”，其最终目的是既满足当代人的需要，又不对后代人构成危害，也就是各国从处理好当前需要与未来需要的关系上提出的要求。

1989 年加拿大审计长丹尼斯·德萨斯特在 IAA 全体大会上专门就环境审计做了发言，他说“加拿大审计署被认为是环境审计的大本营”。加拿大国家审计机关分联邦、省、市三级，各级审计机关相互独立，没有隶属关系，都独立于政府并向本级议会负责。联邦层面的环境审计主要由审计长公署下设的环境与可持续发展专员负责。1995 年审计长法修正案要求政府制定并每隔三年更新可持续发展战略，并提出要设立专员负责联邦政府在可持续发展方面的审计职责。省一级的环境审计制定的法案对公众的环境权利有明确规定，并要求政府部门在制定对环境有重大影响的法律、法规和政策时，必须对外公布有关文件，并在最终决策时考虑公众的意见。为确保环境权利法的规定得到有效实施，法律设立了环境专员的职位。该专员作为议会独立官员，负责除政府环保资金预算执行情况等财政审计之外的环境监督工作。市一级的环境审计工作由审计长办公室直接负责。其在环境方面的主要工作包括环境影响评价、对政府环境规划执行情况进行全面审计、对环境法律法规和政策进行评估、对场址污染带来潜在的环境债务进行评估等。

早在 20 世纪 90 年代初期，全球环境污染加剧、环境污染事件的频发，这都引起了国际社会的广泛关注。1992 年，作为最高审计机关国际组织的世界审计组织（International Organization of Supreme Audit Institutions，INTOSAI）呼吁各国最高审计机关从环境视角开展审计工作，环境审计业务由此开始（李兆东，2015）。

20 世纪 90 年代以后，西方各主要市场经济国家普遍完善了环境法规，强化了资源环境审计制度。1992 年，最高审计机关组织第 14 届大会决定任命一个委员会探索最高审计机关在环境审计中的作用，并将环境审计列入 15 届大会的主题。同年，国际化标准组织为了配合世界各环保组织的工作，成立了“环境战略咨询组”，并于1993年10月成立了环境管理技术委员会，研究环境管理标准化工作，以规范企业和社会团体等所有组织的活动、产品和服务的环境行为，支持全球的环境保护工作，并制定了若干个技术文件和标准，其中五个标准已进入国际标准草案。1993年，欧盟对其成员国提出了建立环境审计制度的要求。1995年9月，最高审计机关国际组织在埃及首都开罗召开第十五届大会，把环境和可持续发展问题列为主要议题，要求参加大会的各国最高审计机关就环境设计的重要性和意义、最高审计机关在环境审计中的作用和责任以及环境审计中采用的技术和方法写成论文，并在大会召开时进行讨论，会后还发布了《开罗宣言》，提出了政府审计应在环境保护中发挥的作用以及政府环境审计所面临的问题。1996年，国际内部审计师协会在美国奥兰多举办全球性论坛会议，与会代表在展望21世纪的内部审计时，把环境审计列为重要议题，并发表了他们的研究成果——《内部审计师在环境审计中的作用》一文。

可见，从1993年到1999年期间，最高审计机关在资源环境审计方面十分积极，环境工作逐步发展，但同时这也意味着，资源环境审计的工作量会有所增加。从1996年开始，有些国家的审计机关将环境审计的方式从常规审计转向绩效审计；1997年，资源环境审计很少进行单纯的资源环境审计，多数是在资源环境审计的过程中进行绩效审计，或将常规的资源环境审计与绩效相结合。到了1999年，57%的审计机关进行了环境审计。

澳大利亚也相当重视环境审计工作的开展，并且注重推广对澳大利亚环境审计工作的规范化。早在20世纪末，澳大利亚联邦政府为环保措施每年拨出大约1 500亿澳元的款项（大约占GDP的21.5%）。在澳大利亚，其环境审计的主要任务是评价并报告政府报告中披露的关于企业的环境保护措施绩效的质量是否真实可靠。至今，澳大利亚已经建立了十分完善的生态环境建设和保护的法律法规体系。在联邦层次，已有50多个环境保护立法，不仅有综合立法，如《环境保护和生物多样性保全法案》，也有专项立法，如《大堡礁海洋公园法》，还有20多个行政法规，如《清洁空气法规》《辐射控制法规》等。这些法律、法规都具有很强的可操作性，并且得到了严格的执行。澳大利亚审计署负有对法律的执行情况进行审计并发布审计报告的责任，以对政府的环境保护政策及其执行情况进行评价，并提出相关建议（耿建新和牛红军，2007）。

荷兰实行的则是“国家环境政策计划”，颁布了《环境管理法》，并建立审计制度来开展自主的资源环境审计工作。由法院制定审计法律法规，包括政策执行方面的合规审计和绩效审计，政府环境审计与社会组织的自主审计等，各部分各级机构相互合作，相互监督，在分工合作的基础上又相互协调和配合，根据审计结果提出新的审计发展建议，这样的工作流程让荷兰的资源环境审计工作得以顺利开展。荷兰的审计机构较为完善，包括环境监测局、负责环境政策执行的中介机构以及负责向私营机构提供咨询和帮助服务的机构等，社会公众也积极参与到环境审计和评价工作中，实现了全民共同监督和实践的双赢局面（吕祯琳，2015）。

日本于20世纪90年代初开始建立环境对策部，为环境会计的实施成立管理部门。1999年3月，日本环境厅（现名为环境省）发布了“关于环境保护成本的把握及公开的原则”的规定，在此规定下，日本企业陆续公布“环境报告书”，许多报纸杂志也竞相报道和探讨环境会计的有关问题。2000年3月，环境省在“关于环境保全成本的把握及公开的原则”的基础上，发布了“关于环境会计体系的建立（2000年报告）”，对环境费用和环境效果的计量进行了详细说明。2001年2月，环境省发布了“环境报告书准则（2000年度版）——环境报告书制作手册”。为帮助企业开展环境会计工作，环境省还提供了“环境会计指南”“环境会计帮助系统”软件，企业可以从环境省的网站上下载、使用这些软件，开展企业环境会计工作。总的来说，日本环境会计工作虽然起步晚，但日本的环境会计发展在政府工作、社会经济发展和环境保护工作中后来居上，达到了西方发达国家的环境会计发展水平（张珂，2014）。

印度在1935年成立审计会计部，1950年，印度独立后，正式设立主计审计长公署（the Comptroller and Audit General of India，CAG）作为国家最高审计机关。印度主计审计长公署直接隶属于国家立法机构，具有很强的独立性。1962年起，印度主计审计长公署开始在电力、灌溉、卫生和农业等领域开展国家绩效审计，积累了丰富的实践经验。在联合国哥本哈根环境和气候大会召开之后，印度主计审计长公署于2010年8月，以本国环境及国情为依据，以世界审计组织（INTOSAI）和亚洲审计组织（ASOSAI）环境审计指导性文件为线索，在总结本国近五十年审计实践的基础上，形成了环境审计指导性文件——《环境及气候变化审计指南》，并首次对外颁布（鲁心逸，2013）。

至今，环境审计已发展多年，环境审计的主要目标是保证环境保护资金的使用绩效，监督、鉴证和评价政府环境责任履行情况。而进入21世纪以来，各国环境污染事件时有发生，环境问题对人们生产和生活的影响日益明显，环境问题成为威胁人类生存、阻碍社会发展的关键问题，因此保护环境刻不容缓。

3.2.2 国内资源环境审计的产生与演进历程

改革开放四十余年以来，中国的经济取得了引人注目的好成绩，人民生活水平日益提高，但与之相伴的环境问题也越来越严重。为了加强环境保护，国务院于2005年12月发布了《国务院关于落实科学发展观加强环境保护的决定》（以下简称《决定》），提出到2010年，中国重点地区和城市的环境质量得到改善，生态环境恶化趋势基本得到遏制；到2020年，环境质量和生态状况明显改善。为了实现这一目标，《决定》提出了七项重点任务，其中包括以饮水安全和重点流域治理为重点，加强水污染防治；以强化污染防治为重点，加强城市环境保护；以降低二氧化硫排放总量为重点，推进大气污染防治等。

资源环境审计产生的起源和基础是受托环保责任。受托环保责任是受托责任的一种，是指受托人按照特定的要求经管受托环境资源而产生的恰当行为责任以及真实报告责任。在受托环保责任中，社会公众是环境资源的最终所有者，也是受托环保责任的终极委托人，而政府、企业、社会组织（包括非营利组织、社团和家庭等）则是受托环保责任的受托人，后者直接或间接接受社会公众的委托对环境资源进行运用或管理，并担负着为保护社会公众的环境权利而恰当运用环境资源、有效进行环境管理并且披露真实环境信息的义务（李璐，2012）。

我国环境审计开始于20世纪80年代初。1998年，我国审计署成立了农业与资源环保审计司，明确了环境审计职能。1998年，我国审计署建立了农业与资源环保审计司，这意味着我国最高审计机关明确地被赋予了环境审计的职能。2000年，审计署当选为亚洲审计组织环境审计委员会主席，环境审计的国际交往日趋活跃。紧接着，2003年，审计署组建了环境审计协调领导小组，并对环境审计理论和方法进行了探究，环境审计成为一项全署性的工作。随着我国经济的高速发展，自然资源和环境不断被开发和利用，我国也逐渐意识到以牺牲环境发展经济是不再是长久之计，必须实现由“粗放型经济”向“集约型经济”过渡。2008年7月，国务院批准了《审计署主要职责内设机构和人员编制规定》，提出要加强对关系国计民生的资源能源、环境保护资金使用效益的审计职责。而《审计署2008至2012年审计工作发展规划》将审计明确划分了六种类型，并将资源环境审计作为一个重要的审计类型予以强化。2008年到2012年，我国将资源环境审计提高到了与财政审计同等重要的地位。2013年，我国开始实施领导干部自然资源资产离任审计，奠定了资源环境审计作为我国政府审计的一个独立形态地位。由此可见，我国的资源环境审计工作已被纳入政府工作、社会经济发展和环境保护工作中，并成为其十分重要和必备的工作之一，并初见成效。

3.3 资源环境审计的实施流程

与一般的审计业务类似，资源环境审计的实施流程也包括审计计划、审计实施、审计报告三个阶段（蔡春和陈晓媛 等，2006）。在审计计划阶段，需要编制环境审计计划，并了解被审计单位的情况，包括了解被审计单位购买环保设备的合同或协议、营业执照、有关环境保护的重要会议记录、环境管理系统、环境保护设备的运行、最新的环境保护法律法规对其所在行业的影响，同时应当查阅上一年度的环境审计档案，并考虑其对本期环境审计工作的影响；在审计实施阶段，收集环境审计证据（可以采用检查、观察、函证、重新计算、重新执行、分析等程序），并对环境审计证据进行鉴定、分析和评价；在环境审计完成与报告阶段，需要编制审计差异调整表和试算平衡表，获取管理当局声明书，执行分析型复核程序，撰写审计总结，完成审计工作底稿的二级复核，评价审计结果，并与客户沟通。

表 3.1 归纳了我国资源环境审计的不同类型。资源环境审计本质上属于政府审计，涵盖了财务收支审计、领导干部经济责任审计与政策落实跟踪审计，在资源环境审计领域则分别体现为环保资金审计、领导干部自然资源资产任中（离任）审计与环保政策落实跟踪审计。

表 3.1　我国资源环境审计的分类

政府审计	分类	资源环境审计领域	审计范围
资源环境审计	财务收支审计	环保资金审计	环保资金的使用
	领导干部经济责任审计	领导干部自然资源资产任中审计 领导干部自然资源资产离任审计	领导干部的经济责任与环境责任
	政策落实跟踪审计	环保政策落实跟踪审计	环保政策落实情况

根据刘文军（2018）、张琦和谭志东（2019）通过手工搜索各审计厅（局）官方网站而获得的关于领导干部自然资源资产离任审计试点地区的数据，我们发现，2014 年实施领导干部自然资源资产离任审计的地区包括山东

省（青岛市、烟台市）、湖北省（黄冈市、武汉市江夏区）、内蒙古自治区（鄂尔多斯市、赤峰市、呼伦贝尔市）、湖南省（娄底市）、贵州省（赤水市）、江苏省（连云港市）、广西壮族自治区、福建省（福州市、武夷山市、宁德市、厦门市、泉州市、安溪市、三明市、马尾区、台江区、湖里区）、陕西省（西安市）、四川省（绵阳市）以及浙江省（湖州市）等，其他相关数据均来源于CSMAR数据库。因此，上述省市中，包括湖北省、湖南省、贵州省、江苏省、四川省、浙江省六省属于长江经济带范围内，且地处我国东部（江苏省、浙江省）、中部（湖北省、湖南省）和西部（贵州省、四川省）各两省份。这意味着，至今在长经济带范围内，2014年已经有六省市实施了领导干部自然资源资产离任审计，其余五省市（上海市、安徽省、江西省、重庆市、云南省）在2014年之后实施。长江经济带各省市实施资源环境审计的时间见表3.2。

表3.2　长江经济带各省市实施资源环境审计的时间

实施内容	实施时间	省市
领导干部自然资源资产离任(任中)审计	2014年	江苏、浙江、湖北、湖南、贵州、四川
	2015年	云南
	2017年	上海
	2018年	重庆、安徽、江西

4 资源环境审计对环境效率的影响分析
——以长江经济带 11 省市为例

4.1 引言

环境效率或生态效率，这一概念最早由思察特格尔和斯图姆（Schaltegger and Sturm，1990）提出，是指增加的价值与增加的环境影响的比值。1992 年，世界可持续发展工商理事会（WBCSD）出版的著作——《改变航向：一个关于发展与环境的全球商业观点》将环境效率的概念进行推广，使其得到更普遍的接受。该书指出，企业应该改变长期以来作为污染制造者的形象，努力成为全球可持续发展的重要推动者，而要实现该目标和应对可持续发展的挑战，应该发展一种环境与经济发展相结合的新概念——环境效率。

本章以环境效率理论为基础，归纳国内外相关理论与实证研究文献，在掌握长江经济带环境状况与演化态势的基础上，把握长江经济带区域内生态环境与经济间的关系与变化规律，使用改进的 DEA 模型处理“非期望产出”，度量各省市环境效率指数，评价各省市环境效率的分布差异和演化态势，探讨是否实施资源环境审计以及实施强度对环境效率的影响，寻找影响各省市环境效率差异的影响因素，解释造成各地区环境效率差异的原因，梳理长江经济带内各省市资源环境审计的相关政策，进一步提出政策建议。

4.2 相关文献述评

4.2.1 国际文献述评

国际上对环境效率的概念定义最初仅局限于微观经济主体，主要关注企业如何用最少的资源或环境压力创造尽可能多的产品或服务，即关注市场价值获得。随着研究的推进和深入，环境效率的概念内涵和范围不断扩展，不仅关注微观经济主体（如企业、个人、家庭）如何遵循和贯彻环境效率理念，也开始强调区域或国家层面的宏观主体如何实施环境效率理念。

在微观企业层面，思察特格尔（2002）指出，企业改善环境绩效不但能够降低成本，而且能增加公司财务绩效与股东价值，所以企业应当采用能够提升其经济表现的环境管理方法。在区域层面，格兰特（Grant，1997）指出，环境效率作为环境与经济因素的比值，无法正确全面地反映区域发展的可持续性，因此尝试在地区环境效率评价中加入社会发展指标，并与环境指标、经济指标进行综合分析。塞帕拉（Seppala，2005）构建了经济指标（包括国内生产总值、增加值和地区主要经济部门的产出）和环境指标体系（包括压力指标、影响类型指标和总影响指标）。米奇维茨（Michwitz，2006）建立了八类社会发展指标（包括安全、教育、人口变化等），但未涵盖环境指标和经济指标。

4.2.2 国内文献述评

我国学者对环境效率的研究起步较晚。在环境效率的概念方面，国内学者大多是在 WBCSD 的定义基础上进行充实或延伸。王金南（2002）认为，环境效率是一个技术与管理的概念，关注最大限度地提高能源和物料投入的生产力，以降低单位产品的资源消费和污染物排放为追求目标。周国梅（2003）指出，生态效率是指生态资源满足人类需要的效率，可以用产出和投入的比值来衡量，其中产出指一个企业、行业或整个经济体提供的产品与服务的价值，投入指由企业、行业或经济体造成的环境压力。廖红、朱坦（2002）以及夏凯旋等（2007）把环境效率定义为“生态经济效率”。

在环境效率理论及应用方面的，岳媛媛、苏敬勤（2004）在梳理国外环境效率概念及实践的基础上，提出了我国实施环境效率战略的对策，分别从宏观和微观层面提出了政府在政策、金融、指标考核体系等方面以及企业在产品研发、设计、工艺、功能、服务、处理等方面实施环境效率的思想。诸大建、邱寿丰（2006）把环境效率与循环经济结合起来，认为环境效率是循环经济最合适的度量，抑制自然资源的消耗（DMI）、减少环境负荷（DPO）以及GDP环境效率指标是循环经济的合适指标。高前善（2006）认为环境效率是企业环境审计评价的一个重要指标。步丹璐（2007）指出环境效率与企业环境成本的管理密切相关，并提出了控制企业环境成本的措施。李兵等（2007）研究了环境效率与生态足迹之间的关系，认为环境效率应定义为企业产值与企业生态足迹的比值。诸大建（2005）指出环境效率是一国绿色竞争力的集中体现，提出了物质化的发展模式。

资源环境审计影响地区环境效率方面，姜和谭（Jiang and Tan，2020）基于中国2008年至2018年的数据，从静态和动态两个维度研究了政府资源环境审计对于环境效率的影响，发现政府实施资源环境审计能够同时提高静态和动态的环境效率，能够提高短期环境效率，但对长期环境效率没有显著影响。

4.3 资源环境审计影响地区环境效率的作用机制与假说提出

2012年11月17日至11月23日，党的十八大站在历史和全局的战略高度，对推进新时代“五位一体”总体布局进行了全面部署，提出了要加强“经济建设、政治建设、文化建设、社会建设和生态文明建设”的总体布局。环境治理与经济治理、政治治理、文化治理、社会治理，都是现代国家治理体系的有机组成部分（王树义，2014）。资源环境审计作为一项重要的外部监督机制，在生态文明建设方面发挥着举足轻重的作用。

具体而言，资源环境审计可能通过风险预警、过程监控与安全防御三种途径影响地区的环境效率，并分别发挥预防、揭示和抵御功能。

4.3.1 风险预警机制（预防功能）

风险预警机制是指资源环境审计方能够及时发现环境治理项目中存在的违法违规行为、政策执行和专项资金的使用效益等潜在风险。风险预警的工作主要包括：收集被审计单位环境保护方面的资料，特别应了解被审计单位的污染物排放种类、其危害性及其处置流程、排放达标情况，了解当地污染主要来源与污染物构成比重；对被审计方进行风险评估，确定其存在的潜在风险大小与类别，在项目正式建设之前对项目的合规性与审批过程进行监督管理，对项目的环境保护效果进行评估。

风险预警机制下，资源环境审计主要预防功能。预防功能是指国家审计凭借其威慑性、独立性、客观性、公正性与超脱性，能够预防与预警环境保护与污染治理活动中存在的风险隐患（李丽和孙文远，2019）。作为一项经常性的制度安排，风险预警机制不仅能对被审计单位能形成一种潜在的威慑力，还可能在审计机关将被审计单位的违法线索与证据移交至司法部门、纪检部门处理后，得到进一步强化。因此，资源环境审计预防功能的发挥，可以将相关的资源环境问题扼杀于萌芽时期，避免资源环境风险的进一步扩大。

4.3.2 过程监控机制（揭示功能）

过程监控机制是指审计方在环境污染的治理过程中对治理实施情况、治理资金使用情况进行监督控制，以降低大气污染治理过程中的风险。过程监控主要包括：审查目前的治理行为是否符合环境污染防治法以及地方污染防治规划；审查环境污染治理计划的执行情况是否达到预定的治理进度；审查专项治理资金的使用情况是否符合前期预算。在此基础上对前期的预定治理目标与资金预算进行调整或者对当前治理方法、力度、投资等进行调整。

在过程监控中，需要有不同级别的审计人员对不同的范围进行监控，这样才能保证所进行的治理项目有适当的监督。目前，过程监控模式主要可以采用城市网格化管理的管理监控模式（如兰州市），建立市、区、街道、社区、楼院分级负责的扁平化网格审计监控体系，对环境污染治理的过程进行全面监督控制。就监控内容而言，在过程监控的过程中，政府资源环境审计能够通过提高环保资金的使用效率、促进环境保护政策的落实以及提高地方履行政府环境管理责任等机制发挥环境治理功能，实现其独立的经济监督职能（曾昌礼和李江涛，2018）。

作为独立的权威第三方监督机构，国家审计机关揭示查出的问题能够有效缓解社会公众与政府之间的信息不对称问题，同时，相关的媒体报道能够形成社会公众对政府环境治理行为的舆论监督，有利于监督各项环境保护资金用到实处，保障各项环境保护与污染治理政策真正落实到位，进而促进地方环境绩效的提高。

4.3.3 安全抵御机制（抵御功能）

安全抵御机制是指审计人员基于治理过程中发现的问题，对问题发生的原因进行分析并提出针对该问题的建议，完善环境污染治理的机制与措施（李祎，2017）。安全抵御措施主要包括：提出审计建议和出具审计报告，即根据环境治理目标与治理资金预算，对被审计方环境治理的绩效情况、治理资金使用状况等发表审计报告，并提出切实可行的审计意见；对审计建议的实现进行验证，以确保审计意见的合理科学，在对审计意见的合理性与可行性做出论证之后，需要实现审计意见。

采用合适的审计技术方法，针对审计结果中对于环境污染治理成果的评价，结合准确的数据与法律依据，提出相应的审计意见。只有采用合乎会计、审计理论且能够结合环境治理实际的审计方法，才能提出切实可行的审计建议，才能及时改进环境污染治理机制，进而对防止该类问题的再度发生进行安全抵御。因此，在审计过程中采用科学合理的治理成本计量方法与具有普适性的环境绩效评价指标具有十分重要的作用。在安全抵御机制下，资源环境审计主要发挥抵御功能。抵御功能是指资源环境审计通过处理处罚、提出审计建议等方式促进健全制度、规范机制、完善体制，防止国家、集体和人民群众利益受到损害（《中国特色社会主义审计理论研究》课题组，2013），因此，资源环境审计发挥的抵御功能具体包括处罚功能和建议功能两方面。

首先，处罚功能方面。根据《中华人民共和国审计法》及其实施条例等法律法规的规定，审计机关在其法定职权范围内拥有一定的处理处罚权力，被审计单位应依法执行审计机关的处理处罚决定并及时反馈。因此，资源环境审计的处罚功能体现为资源环境审计在发现和揭示相关的资源环境问题后，会对相关责任人进行处理和处罚，从而抵制和防御环境保护与治理活动中各种“病毒”所带来的损失浪费、违规挪用资源资金、滥用资源环境政策等不良事件，以免给生态环境带来不良后果。站在被审计单位的角度，由于审计机关可以履行处理处罚权，这将增加被审计单位预期的环境破坏方面的违法违规成本，因此，处理功能可以一定程度地发挥其对于资源环境审计的威慑作用。其次，建议功能方面。审计机关在对进行资源环境审计时，还可以对资源环境问题进行深入的分析，对被审计单位提出合理、切实可行的建议，并推动审计建议的采纳、落实，优化环境保护与污染治理制度，规范环境管理，防范环境风险，进而从根本上解决问题，使得环境保护与污染治理活动日益规范、有效。总之，资源环境审计的处理处罚功能与建议功能能够相互配合，协同发挥作用，能够对发现的环境保护与污染治理方面的问题及时进行妥善处理，充分发挥资源环境审计的抵御功能，提高环境绩效。

如上所述，资源环境审计对环境效率的作用机制可能通过风险预警、过程监督和安全抵御三种途径发挥影响，资源环境审计对环境效率的作用机制如

图 4.1 所示。但是，李丽和孙文远（2019）发现，国家审计主要通过审计抵御功能对环境绩效产生积极影响，审计揭示功能和预防功能对环境绩效的促进作用还未显现。

根据以上分析，本书提出了资源环境审计影响地区环境效率的研究假设。

H4.1：实施资源环境审计，有助于提高长江经济带内各省市的环境效率。

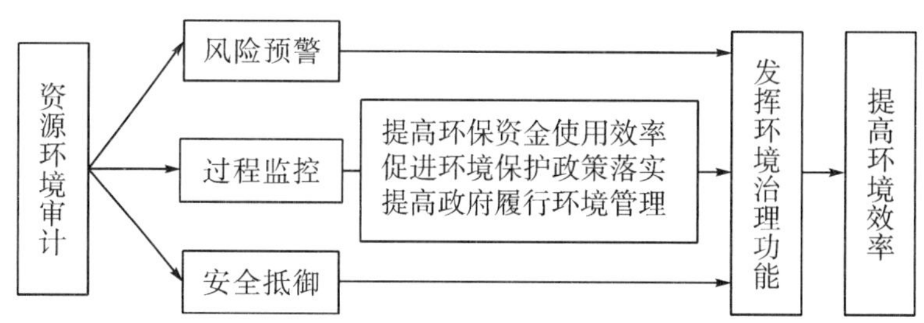

图 4.1　资源环境审计对环境效率的作用机制

长江经济带横跨我国东、中、西三大区域，三大区域在政府财政水平、经济规模、市场化程度、对外开放程度、人口素质、产业结构等方面存在明显差异，而这些差异可能会影响资源环境审计与地区环境效率之间的关系。

具体而言，东部地区是我国最早发展经济的地区，经济也最有活力，其资金、人才、技术、基础设施、投资环境上都要优于中部和西部地区；同时，国家对东部地区环保政策方面的扶持也较多。中部地区在我国起着承东启西、连南接北的桥梁和纽带作用，是推动国家社会经济可持续发展的重要区域，区位作用十分明显。自 2004 年中央政府首次提出要促进中部地区崛起以来，2006 年，国家出台《中共中央 国务院关于促进中部地区崛起的若干意见》，标志着中部崛起战略的正式实施，中部地区地方政府主动调整政府职能和发展产业的积极性逐渐提高，地区经济增长效果显著（陆军和聂伟，2018），经济发展呈上升趋势。近年来，中部地区积极承接产业转移并进行了产业升级（宋马林和王舒鸿，2013），积极发展有利于环境保护的技术进步。西部地区则地广人稀，信息相对闭塞，地方政府财力相对较弱，对环保事业的投入也相对不足。同时，西部地区的工业发展也比东部和中部地区落后，技术发展相对滞后。

我们认为，基于上述情况，环境审计的实施对于长江经济带内处于不同区域省市的环境效率存在差异。鉴于此，我们进一步提出资源环境审计影响地区环境效率的研究假设。

H4.2：实施资源环境审计对长江经济带相关省市环境效率的影响在东、中、西部存在差异。

4.4 资源环境审计影响地区环境效率的实证分析

4.4.1 样本选择与数量来源

本章选取了我国长江经济范围内 11 个省市 2010—2017 年的数据作为研究样本。资源环境审计有关数据来自《中国审计年鉴》，主要污染物排放数据来自《中国环境年鉴》，地区生产总值以及控制变量主要来自《中国统计年鉴》，市场化指数来自王小鲁等编著的《中国分省份市场化指数报告（2016）》（2017 年的市场化指数是以 2016 年的市场化指数为基础，按照 2016 年比 2015 年的市场化指数的增长率计算而得）。

4.4.2 模型构建与变量定义

4.4.2.1 DEA 模型介绍

数据包络分析方法（Data Envelopment Analysis，以下简称“DEA 方法”）是研究多投入和多产出的决策单元（Decision Making Unit，DMU）间相对有效性的一种系统分析方法。目前，学术界提出了 CCR、BBC、CCR 以及超效率模型等模型。

（1）CCR 模型。

CCR 模型是经典的 DEA 模型，如模型（4.1）所示，即在规模报酬（CRS）不变条件下的效率模型，意味着当投入量以等比例增加时，产出量应以等比增加（其中，X、Y 分别表示投入、产出向量，x_0、y_0 分别表示特定的被评价单元的投入、产出值，φ 为标量，λ 为权重向量）。

$$
\begin{aligned}
&\max \quad \varphi \\
\text{s.t.} \quad & X\lambda + s^- = x_0 \\
& Y^b + s^+ = y_0^b \\
& Y\lambda - s^+ = \varphi y_0 \\
& \lambda \geqslant 0
\end{aligned}
\tag{4.1}
$$

DEA 方法的基本原理是：设有 n 个决策单元 $DMU_j (j = 1, 2, \cdots, n)$，它们的投入、产出向量分别为：$X_j = (x_{1j}, x_{2j}, \cdots, x_{mj})^T > 0$，$Y_j = (y_{1j}, y_{2j}, \cdots, y_{sj})^T > 0$，$j = 1, \cdots, n$。由于在生产过程中各种投入和产出的地位与作用各不相同，因此，要对 DMU 进行评价，必须对它的投入和产出

进行“综合”，即把它们看作只有一个投入总体和一个产出总体的生产过程，这样就需要赋予每个投入和产出恰当的权重。假设投入、产出的权向量分别为 $v=(v_1, v_2, \cdots, v_m)^T$ 和 $u=(u_1, u_2, \cdots, u_s)^T$，从而就可以获得如下定义的效率评价指数：

$\theta_j = \frac{u^T Y_j}{v^T X_j} = \frac{\sum_{r=1}^{s} u_r y_{rj}}{\sum_{i=1}^{m} v_i x_{ij}}$，$(j=1, 2, \cdots, n)$ 为第 j 个决策单元 DMU_j 的效率评价指数。

（2）BBC 模型。

BBC 模型是在 CCR 模型基础上，加入约束 $\sum \lambda = 1$，属于可变规模收益的模型。

（3）超效率模型。

CCR 模型在计算效率值时，经常会出现多个有效的决策单元（效率值为 1）的情形，从而使得有效决策单元之间无法进行比较分析。安德森和彼德森（Andersen and Petersen，1993）为了实现决策单元的完全排序，将被评价的决策单元从效率边界中剔除，以剩余的决策单元为基础，形成新的效率边界，计算剔除的决策单元到新的效率边界的距离。由于剔除的决策单元不被效率边界所包围，对于有效的决策单元而言，其计算出来的新效率值就会大于 1，而对于无效的决策单元而言，其所得的效率值不变，仍小于 1，从而使得全体决策单元可以实现完全排序。由于有效的决策单元效率大于 1，从而就有了超效率（super-efficiency）的概念。

（4）交叉效率模型。

为了解决 DEA 有效决策单元的排序和比较问题，塞克斯顿等（Sexton et al.，1986）提出了交叉效率评价的概念。所谓交叉效率评价就是每个 DMU 分别确定一组输入输出权重，供所有的 DMUs 评价使用，其中，用 DMU 自身确定的权重评价自己的效率，称为自我评价效率，用其他 DMU 确定的权重评价自己的效率，称为交叉效率或同行评价效率。交叉效率评价的实质是对每个 DMU 同时进行自评和同行评价，这样不仅考虑 DMU 自评的最好相对效率，而且还考虑了 DMU 同行评价给出的交叉效率，利用自我评价和交叉效率的平均值作为衡量 DMU 绩效的综合指标，该指标不仅能较好解决 DMUs 间排序和比较问题，而且可以解决 CCR 模型由于输入输出权重不一致性导致的不可比较问题。

4.4.2.2 模型构建

（1）数据包络分析模型。

本章采用投入导向的超效率 DEA 模型，对 2010—2017 年长江经济带内 11 省市环境效率（environment efficiency，EE）进行了测算。在数据包络分析中，每一个评价单元为一个决策单元（DMU），众多的 DMU 构成被评价群体。通过对投入、产出比率的综合分析，我们以 DMU 各个投入、产出指标的权重为变量进行评价分析，从而根据对各 DMU 观察的数据来判断 DMU 是否为 DEA 有效。

在投入指标方面，根据前人的研究和 WBCSD 对环境绩效给出的定义，我们选取长江经济带各省市 2010—2017 年的固定资产投资量和劳动力人口数作为投入指标。

在产出指标方面，我们将产出分为期望产出（Y_g）和非期望产出①（Y_b）。为了结果的可比性，期望产出数据为经过 GDP 平减指数，包括调整后的地区生产总值（GDP）表示，基期为 2000 年（以 2000 年不变价格处理）；非期望产出为各地区主要污染物排放情况，包括废水排放总量、化学需氧量（COD）排放总量、氨氮排放总量、二氧化硫排放总量、氮氧化物排放总量、烟（粉）尘排放总量、固体废物排放量、危险废物产生量以及城镇居民生活垃圾排放量。由于期望产出是正向指标，非期望产出是负向指标，我们在对上述非期望产出取倒数后，再运用 DEA 模型测算各省市的环境效率。

我们选取超效率 DEA 模型，评估长江经济带 2010—2017 年长江经济带 11 省市的环境效率。将任意一个评价地区的产出集、投入集分别进行如下表示：

$$y_k = (y_{1k}, y_{2k}, \cdots, y_{mk}), \quad x_k = (x_{1k}, x_{2k}, \cdots, x_{nk})$$

其中，k 表示第 k 评价地区（$k=1, 2, \cdots, K$）；m 表示第 m 个产出（$m=1, 2, \cdots, M$）；n 表示第 n 个投入要素（$n=1, 2\cdots, N$）。

采用投入导向的固定规模报酬超效率 DEA 模型如模型（4.2）所示：

$$\theta^* = \min\theta$$

$$s.t. \sum_{k=1}^{k} \lambda_k X_{nk} \leqslant \theta \mathrm{x}_n \text{；} \sum_{k=1}^{k} \lambda_k X_{nk} \leqslant \theta \mathrm{y}_m \text{，} \lambda \geqslant 0 \tag{4.2}$$

（2）回归模型。

本章采用模型（4.3）和（4.4）进行回归分析，并进行假设检验：

---

① 经济发展过程中，会得到“期望产出”或“好产出”，同时也会得到“非期望产出”或“坏产出”，后者是不受欢迎的副产品。对非期望产出可以作投入变量，也可以作产出的倒数处理，其思想都是尽可能地在减少非期望产出的情况下不影响提高或扩大期望产出。

$$\ln(EE_{it}) = \beta_0 + \beta_1 Audit_{it} + \beta_2 GR_{it} + \beta_3 Ln(GP_{it}) + \beta_4 PI_{it} + \beta_5 DT_{it} + \beta_6 DC_{it} + \beta_7 Ln(MI_{it}) + \beta_8 Ln(PD_{it}) + \beta_9 WEST_{it} + \beta_{10} MID_{it} + \varepsilon_{it} \quad (4.3)$$

$$\ln(EE_{it}) = \beta_0 + \beta_1 Audit_{it} + \beta_2 GR_{it} + \beta_3 Ln(GP_{it}) + \beta_4 PI_{it} + \beta_5 DT_{it} + \beta_6 DC_{it} + \beta_7 Ln(MI_{it}) + \beta_8 Ln(PD_{it}) + \beta_9 WEST_{it} + \beta_{10} MID_{it} + \varepsilon_{it} \quad (4.4)$$

其中，模型（4.3）为双重差分模型。由于被解释变量的取值范围是0~1，因此，我们采用Tobit模型对解释变量与被解释变量间的关系进行探讨。

在模型（4.4）中，我们主要关注Audit回归系数（β_1）的符号及显著性。如果β_1显著为正，则表明在长江经济带范围内实施资源环境审计的省市，其环境效率高于未实施资源环境审计的省市，即实施资源环境审计有利于提高环境效率；如果β_1显著为负，则表明在长江经济带范围内实施资源环境审计的省市，其环境效率低于未实施资源环境审计的省市，即实施资源环境审计不利于提高环境效率；如果β_1不显著，则表明在长江经济带范围内实施资源环境审计对于环境效率的影响不明显。

在加入Post、Audit_Post的模型（4.3）中，我们主要关注交乘项Audit_Post回归系数（β_3）的符号及显著性。如果β_3显著为正，则表明相对于对照组（长江经济带范围内未实施资源环境审计的省市），处理组（长江经济带范围内实施资源环境审计的省市）在实施后的环境效率更高；如果β_3显著为负，则表明相对于对照组（长江经济带范围内未实施资源环境审计的省市），处理组（长江经济带范围内实施资源环境审计的省市）在实施后的环境效率更低；如果β_3不显著，则表明相对于对照组（长江经济带范围内未实施资源环境审计的省市），处理组（长江经济带范围内实施资源环境审计的省市）在实施后的环境效率无明显差异。

4.4.2.3 变量定义

（1）被解释变量——环境效率，运用上述投入产出数据采用DEA模型测算而得。回归分析时，采用对数形式。

（2）解释变量。

我们采用2014年是否实施领导干部自然资源资产离任审计（Audit）的情况来衡量资源环境审计。如果某省市2014年实施了领导干部自然资源资产离任审计，则Audit赋值为1，否则为0。

实施资源环境审计的年度及以后年度哑变量（Post），若某年度为实施资源环境审计（2014）的年度及之后的年度，则Post=1，否则Post=0。

实施资源环境审计试点与实施年度虚拟变量的交乘项（Audit×Post），表示变量Audit与变量Post的乘积。

（3）控制变量。控制变量为环境效率的其他影响因素。

本章主要变量定义见表 4.1。

表 4.1 主要变量定义

变量类型	变量名称	变量符号	变量定义
被解释变量	环境效率	EE	DEA 模型估计得到
解释变量	资源环境审计试点哑变量	Audit	是否实施资源环境审计试点
	实施资源环境审计的年度及以后年度哑变量	Post	实施资源环境审计的年度及之后的年度，Post=1，否则为 0
	交乘项	Audit×Post	实施资源环境审计试点与实施年度虚拟变量的交乘项
控制变量	经济规模	GR	地区生产总值占全国生产总值的比重（%）
	人均 GDP	Ln(GDP)	人均地区生产总值
	产业结构	PI	工业产值占地区生产总值的比重
	对外开放度	DT	贸易依存度：进出口贸易总额与 GDP 之比（%）
	市场化程度	LN(MI)	樊纲市场化指数的自然对数
	人口密度	LN(PD)	地区年末总人口/地区面积（单位：人口数/平方千米）
	区域哑变量	WEST	省份处于西部，则 WEST=1，否则为 0
		MID	省份处于中部，则 MID=1，否则为 0

4.4.3 实证结果分析

表 4.2 是本章主要变量描述性统计，样本为长江经济带 11 省市 2010—2017 年（共 8 年）共 88 个观测值，所有连续型数据采用 winsorize 作 1%分位上的极值处理。其中，Panel A 是本章主要投入、产出变量的描述性统计情况，用于 DEA 模型计算各省市的环境效率。从 Panel A 可知，总体而言，长江经济带 11 省市 2010—2017 年，固定资产投资规模适中，劳动力人口众多，各省市经济发展状况良好。但同时，各省市的废水、废气、废物排放量也处于较高水平。

Panel B 是本章回归模型涉及的主要变量描述性统计情况，用于检验资源环境审计对于各省市环境效率的影响。从 Panel B 可知，环境效率（Ln(EE)）

的最小值是0.59，最大值是1，取值为0~1，标准差为0.11，表明2010—2017年各省市的环境效率差异较大。资源环境审计试点地区哑变量（Audit）的平均值为0.55，表明长江经济带11省市中，有超过一半的省市在2014年进行了资源环境审计的试点工作。产业结构（PI）的平均值是0.39，中位数是0.4，表明长江经济带内11省市的产业结构中，工业占比较高，产业结构还有调整和优化的空间。

表4.2 主要变量描述性统计

Panel A：主要投入、产出变量的描述性统计（DEA模型）

变量名称/单位	变量符号	观测值	最小值	平均值	中位数	最大值	标准差
固定资产投资/亿元	K	88	3 105	18 000	15 000	53 000	11 000
劳动力人口数/万人	L	88	224.3	616.0	536.6	1 602	310.3
地区生产总值/亿元	GDP	88	4 602	25 000	21 000	86 000	16 000
废水排放总量/万吨	Feishui	88	61 000	270 000	250 000	620 000	140 000
化学需氧量排放量/万吨	COD	88	14 000	200 000	200 000	620 000	150 000
氨氮排放量/万吨	AN	88	1.604	27 000	73.94	200 000	53 000
二氧化硫排放量/吨	SO_2	88	1.850	80.91	57.34	2 118	221.3
氮氧化物排放量/吨	NO	88	16.63	86.26	53.30	2 338	244.7
烟（粉）尘排放量/吨	Dust	88	4.700	46.66	32.58	1 236	129.1
固体废物排放量/万吨	Gufei	88	1 630	8 474	8 188	16 000	4 061
危险废物产生量/万吨	Weifei	88	9	121.9	75.75	435.5	98.61
城镇居民生活垃圾排放量/万吨	CZlaji	88	16.30	671.6	610.3	1 939	384.4

Panel B：主要变量描述性统计（回归模型）

变量名称/单位	变量符号	观测值	最小值	平均值	中位数	最大值	标准差
环境效率	EE	88	0.59	0.88	0.89	1.00	0.11
资源环境审计试点地区哑变量	Audit	88	0	0.55	1	1	0.51
资源环境审计试点后的年度哑变量	Post	88	0	0.32	0	1	0.46
经济规模	GR	88	0.02	0.04	0.04	0.11	0.02

表4.2(续)

变量名称/单位		变量符号	观测值	最小值	平均值	中位数	最大值	标准差
人均 GDP		Ln(GDP)	88	9.48	10.65	10.57	11.67	0.50
产业结构		PI	88	0.08	0.39	0.40	0.47	0.06
对外开放度		DT	88	0.03	0.30	0.14	1.47	0.35
市场化程度		LN(MI)	88	2.00	2.76	2.51	4.86	0.75
人口密度		LN(PD)	88	1.99	2.75	2.51	4.86	0.75
区域哑变量	西部地区	WEST	88	0.00	0.36	0.00	1.00	0.48
	中部地区	MID	88	0.00	0.36	0.00	1.00	0.48

表4.3是基于长江经济带11省市2 010—2017年的投入产出数据，运用DEA模型对环境效率值进行测算的结果。根据DEA模型的经济含义可知，环境效率达到1的决策单元是DEA有效的，效率值越大说明各省市环境效率越高。在2010年，长江经济带环境效率达到最优的省市有3个，之后逐渐增加，至2011年增加至4个，但在2016年又减少至1个。其中，上海、湖南、云南的环境效率连续多年保持在较优水平，安徽、江苏的环境效率是DEA有效。整体而言，2010—2017年，长江经济带11省市的环境效率不够理想，有36%省市的环境效率处于较低水平（各省市各年平均的DEA效率值低于0.85），10%省市的环境效率达到良好水平（各省市各年平均的DEA效率值高于0.85但低于0.9）。

表4.3　长江经济带11省市2010—2017年环境效率值

地区	2010年	2011年	2012年	2013年	2014年	2015年	2016年	2017年
上海	1.000 0	1.000 0	1.000 0	0.968 2	1.000 0	1.000 0	1.000 0	1.000 0
江苏	1.000 0	1.000 0	1.000 0	0.728 7	0.872 8	0.915 7	0.858 0	0.956 6
浙江	0.800 2	0.867 6	0.762 6	0.725 4	0.883 2	0.887 9	0.795 3	0.933 4
安徽	0.851 1	1.000 0	0.978 5	0.851 8	0.964 8	1.000 0	0.948 3	1.000 0
江西	0.967 7	1.000 0	0.918 3	0.828 1	0.906 5	0.946 5	0.889 4	0.948 9
湖北	0.849 7	0.888 7	0.780 8	0.674 8	0.853 7	0.845 7	0.736 9	0.831 5
湖南	0.851 5	1.000 0	1.000 0	0.975 5	1.000 0	1.000 0	0.982 4	1.000 0
重庆	0.816 4	0.677 9	0.632 3	0.593 3	0.738 2	0.745 3	0.676 4	0.737 6

表4.3(续)

地区	2010 年	2011 年	2012 年	2013 年	2014 年	2015 年	2016 年	2017 年
四川	0.784 9	0.822 2	0.799 9	0.688 7	0.793 7	0.774 7	0.783 4	0.905 7
贵州	1.000 0	0.826 0	0.783 7	0.778 4	0.862 0	0.866 2	0.855 9	0.987 0
云南	0.756 9	1.000 0	1.000 0	0.939 5	1.000 0	1.000 0	0.964 4	1.000 0
平均值	0.879 9	0.916 6	0.877 8	0.795 7	0.897 7	0.907 5	0.862 8	0.936 4
东部省市	0.933 4	0.955 9	0.920 9	0.807 4	0.918 7	0.934 5	0.884 4	0.963 3
中部省市	0.880 0	0.972 2	0.919 4	0.832 6	0.931 3	0.948 1	0.889 3	0.945 1
西部省市	0.839 6	0.831 5	0.804 0	0.750 0	0.848 5	0.846 6	0.820 0	0.907 6

图 4.1 是运用表 4.3 的数据信息绘制的长江经济带东、中、西部 2010—2017 年环境效率对比图。从图 4.1 可知，2010—2017 年，长江经济带环境效率呈现出逐年波动的情况，但整体上基本呈现出上升的态势。东部的与中部的环境效率在大多数年度较高，西部省市的环境效率比中部和东部省市低。

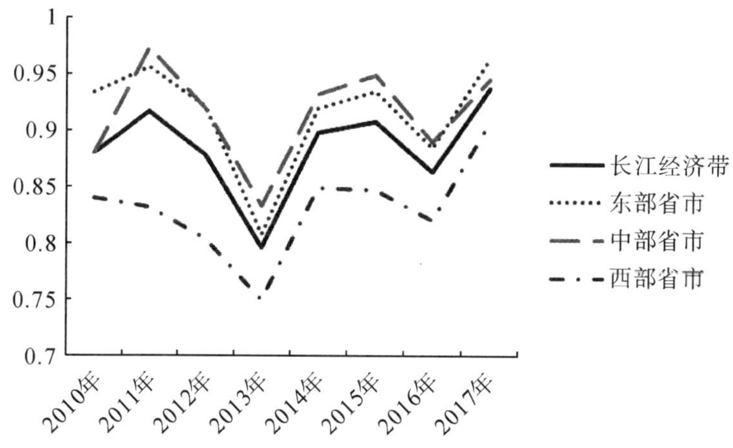

图 4.1 长江经济带东、中、西部 2010—2017 年环境效率对比

表 4.4 是模型（4.3）主要变量的相关系数。从表 4.4 可知，环境效率（EE）与是否实施资源环境审计（Audit）的相关系数为正（0.174），表明实施资源环境审计的省市具有相对较高的环境效率，初步支持了本章前文的研究假设。同时，环境效率（EE）与经济规模（GR）、人均 GDP（lnGDP）、对外开放度（DT）、市场化指数（MI）、人口密度（PD）、中部地区（Mid）正相关，与产业结构（PI）、西部地区（West）负相关，与市场化指数（MI）的相

关系数较小。然而，经济规模（GR）与人均 GDP（lnGDP）与市场化指数（MI）之间、人均 GDP（lnGDP）与人口密度（PD）、对外开放度（DT）与人口密度（PD）、市场化指数（MI）与人口密度（PD）的相关系数较高，与社会经济规律相符。因此，为避免多重共线性问题，我们在回归分析时选择性地采用经济规模（GR）或人均 GDP（lnGDP）变量。

表 4.4 主要变量的相关系数

	EE	Audit	GR	lnGDP	PI	DT	MI	PD	West	Mid
EE	1									
Audit	0.174	1								
GR	0.084	0.388	1							
lnGDP	0.103	0.035	0.654	1						
PI	-0.218	0.126	0.363	-0.013	1					
DT	0.227	-0.176	0.388	0.608	-0.010	1				
MI	0.030	-0.019	0.425	0.503	0.145	0.552	1			
PD	0.258	-0.151	0.344	0.524	0.011	0.463	0.536	1		
West	-0.376	-0.069	-0.512	-0.519	-0.443	-0.372	-0.557	-0.492	1	
Mid	0.216	-0.069	-0.069	-0.171	0.367	-0.357	-0.040	-0.204	-0.571	1

表 4.5 是模型（4.2）和模型（4.3）的回归分析结果，Panel A 和 Panel B 是分别采用经济规模和人均 GDP 参与回归的结果，第（1）列和第（2）列是模型（4.2）的回归结果，第（3）列和第（4）列式模型（4.3）的回归结果，且第（1）列和第（3）列是未加入控制变量的回归结果，第（2）列和第（4）列是加入控制变量后的回归结果。

从 Panel A 可知，在第（1）列未加入控制变量的情况下，Audit 的回归系数为正，但不显著；在第（2）列中，Audit 的回归系数为正（0.027），且在 1%的水平上显著，表明与 2014 年进行资源环境审计试点的省市相比，在 2014 年进行了资源环境审计试点省市的环境效率明显更高，即实施资源环境审计有利于提高地区环境效率；在第（3）列未加入控制变量的情况下，Audit 的回归系数也为正，且在 10%的水平上显著；在第（4）列中，Audit 的回归系数仍然为正（0.040），且在 1%的水平上显著，表明仍然表明实施资源环境审计有利于提高地区环境效率。同时，我们主要关注第（4）列交乘项（Audit_Post）的回归系数，该回归系数为正（0.051），且在 10%的水平上显著，表明在长江经济带内，与未进行资源环境审计试点的地区相比，进行了资源环境审计试点的省市，在试点后环境效率有了明显提高。这支持了本章的研究假设 H4.1。

从第（2）列和第（4）列控制变量的回归系数来看，经济规模（GR）的回归系数为正，且分别在 1%和 5%的水平上显著，其可能的原因是，经济规模具有较高水平的省市，有相对更多的资金进行环境治理，因而具有较高的环境效率。值得注意的是，用 GDP 占比衡量的经济规模（GR）的回归系数在所有控制变量中的回归系数最大，表明经济规模对环境效率的正向作用最大，这意味着经济规模对于环境效率的提高至关重要。我们认为，这背后的原因在于，某省市的经济规模是经济实力、竞争力的表现，其对环境效率的提升能够产生“加速”作用。但是，李静（2012）在其论著中指出，只有 GDP 达到一定规模才能发挥规模效应，且 GDP 提高的过程也是一个要素积累的过程，要素积累的结果是形成一定的要素禀赋，而根据波特的竞争优势理论，要素禀赋是形成竞争优势的必要条件，因此，具有较大初始经济规模的省市（如长江经济带内的东部省市），往往更能利用自身的竞争优势谋取更好的发展并继续保持其优势地位，即所谓“加速”效应。

产业结构（PI）的回归系数为负，且在 1%的水平上显著，表明长江经济带内某省市工业比重的提高可能会带来一系列的环境问题，进而导致环境效率低下，即工业比重的上升对环境效率改善有负面影响。具体而言，长江经济带范围内，工业比重每上升 1 个百分点，地区环境效率就会降低 4.25~5.07 个百分点。这反映出 2017 年前，长江经济带内的工业发展仍然是一种以资源消耗、环境污染为代价的粗放模式，这也从反方向证实了我国在长江经济带内实施和优化产业结构可能促进地区环境效率提高的现实路径。

市场化指数（MI）的回归系数为负，且在 1%的水平上显著，表明长江经济带在经济发展的过程中，的确存在以牺牲环境为代价的经济发展模式。

西部地区哑变量（West）的回归系数为负，且在 1%的水平上显著，表明与长江经济带内的东部省份相比，长江经济带内处于西部地区的省市具有相对较低的环境效率；中部地区哑变量（Mid）的回归系数为负，但不显著，表明与长江经济带内的东部省份相比，长江经济带内处于中部地区的省份的环境效率无显著差异。我们认为，各省市所处的地理位置在很大程度上决定了其信息和技术获取能力，以及其获得中间投入品和其他生产要素的能力，从而对经济效率、进而对环境效率产生不同的影响。此外，对外开放度（DT）和人口密度（PD）的回归系数不显著。

从 Panel B 回归结果的控制变量来看，主要解释变量 Audit 与交乘项 Audit_Post 的回归系数及显著性未发生明显改变，产业结构（PI）与西部地区哑变量（West）的回归系数及显著性与 Panel A 中的结果也较为一致。然而，人均 GDP 的回归系数变为负，且不显著或仅在 10%的水平上显著，这与 Panel A 中经济规模（GR）回归系数符号及显著性矛盾吗？我们认为并不矛盾。第一，人均 GDP 对环境效率的影响，其人口因素不仅仅是纯经济因素，两者影响效果出现不一致是可解释的；第二，我们选择人均 GDP 其实仅仅是衡量地区经济规模的一个方面，并不能全面说明经济规模对环境效率的影响。

表 4.5 回归结果分析

Panel A：采用经济规模变量参与回归

变量名	变量符号	被解释变量：Ln（EE）			
		模型（4.2）		模型（4.3）	
		（1）	（2）	（3）	（4）
资源环境审计试点地区哑变量	Audit	0.02 （1.66）	0.027** （2.51）	0.025* （1.66）	0.040*** （3.09）
资源环境审计试点后的年度哑变量	Post			−0.032 （−0.95）	0.028 （1.04）
交乘项	Audit_Post			0.009 （0.32）	0.051* （1.71）
经济规模	GR		0.892*** （2.69）		0.899** （2.56）
产业结构	PI		−0.507*** （−6.02）		−0.4.25*** （−4.14）
对外开放度	DT		−0.009 （−0.30）		0.003 （0.08）
市场化程度	LN（MI）		−0.132*** （−4.80）		−0.156*** （−5.24）
人口密度	LN（PD）		0.013 （0.89）		0.013 （0.93）
区域哑变量（西部地区）	WEST		−0.090*** （−3.57）		−0.090*** （−3.63）
区域哑变量（中部地区）	MID		−0.001 （−0.05）		−0.001 （−0.06）

表4.5(续)

变量名	变量符号	被解释变量：Ln（EE）			
		模型（4.2）		模型（4.3）	
		（1）	（2）	（3）	（4）
常数项	Constant	0.643*** （70.64）	1.074*** （14.31）	0.638*** （68.07）	1.083*** （13.72）
观测值	Obs	88	88	88	88
伪 R^2	Pseudo R^2	0.238	0.252	0.027	0.28
卡方统计量	Chi2	2.712	59.4	6.844	64.19

Panel B：采用人均 GDP 变量参与回归

变量名	变量符号	被解释变量：Ln（EE）			
		模型（4.2）		模型（4.3）	
		（1）	（2）	（3）	（4）
资源环境审计试点地区哑变量	Audit	0.02 （1.66）	0.031*** （2.74）	0.025* （1.66）	0.047*** （3.40）
资源环境审计试点后的年度哑变量	Post			−0.032 （−0.95）	0.028 （1.04）
交乘项	Audit_Post			0.018 （0.65）	0.053* （1.93）
人均 GDP	Ln（GDP）		−0.034 （−1.10）		−0.055* （−1.81）
产业结构	PI		−0.486*** （−5.28）		−0.366*** （−3.69）
对外开放度	DT		0.022 （0.63）		0.062 （1.66）
市场化程度	LN（MI）		−0.051 （−1.06）		−0.048 （−1.03）
人口密度	LN（PD）		−0.001 （−0.10）		−0.004 （−0.28）
区域哑变量（西部地区）	WEST		−0.117*** （−4.73）		−0.110*** （−4.51）
区域哑变量（中部地区）	MID		−0.020 （−0.96）		−0.012 （−0.57）

表4.5(续)

变量名	变量符号	被解释变量：Ln（EE）			
		模型（4.2）		模型（4.3）	
		（1）	（2）	（3）	（4）
常数项	Constant	0.643*** （70.64）	1.338*** （4.95）	0.638*** （68.07）	1.493*** （5.63）
观测值	Obs	88	88	88	88
伪 R^2	Pseudo R^2	0.011	0.215	0.027	0.244
卡方统计量	Chi2	2.712	53.65	6.844	61.07

注：括号内为 t 值；***、**、*分别表示在1%、5%和10%的显著性水平上显著。

4.5 资源环境审计影响地区环境效率的比较分析

本书通过对地区哑变量与环境效率关系的研究，推测长江经济带内东、中、西部的省份在实施资源环境审计对提升地区环境效率的方式和优势方面可能存在差异，各因素对东、中、西部省市环境效率作用的方式和影响也可能不同，那么，资源环境审计在影响长江经济带各省市环境效率方面，是否存在东、中、西部的地域差异呢？因此，有必要分别研究各因素与长江经济带内东、中、西部的三个区域省份的环境效率关系情况。

在位于长江经济带的11个省市中，有3个省市地处我国东部地区（上海、江苏、浙江），并分别有4个省市地处我国中部地区（安徽、江西、湖北、湖南）和西部地区（重庆、四川、贵州、云南）。鉴于此，我们将地区哑变量去除，分三组分别运用Tobit回归模型处理，得到相应的回归系数，进行进一步的检验。为了能全面比较，我们还在剔除了地区哑变量的各影响因素之后，将其与长江经济带各省市环境效率进行回归处理，相关回归结果见表4.6。Panel A是模型（4.2）的回归结果，Panel B是模型（4.3）的回归结果。第（1）列是剔除地区哑变量后的全部长江经济带范围内各省市的回归结果，第（2）~（4）列分别是东、中、西部的分组回归结果。如前文所述，人均GDP变量存在一定的缺陷，我们在此选用经济规模（GR）而没有选择人均GDP参与回归。

从表 4.6 Panel A 的回归结果可得到如下结论：

第一，剔除地区哑变量后的全部长江经济带范围内各省市的回归结果（Panel A 和 Panel B 中的第（1）列）与未剔除地区哑变量下的回归系数（表 4.5 Panel A 的第（1）列）正负方向一致，表明分析长江经济带全部 11 省市时加入地区哑变量是合理且有效的，与其他影响之间不存在严重的多重共线性问题。

第二，东部省市。Panel A 中第（2）列 Audit 的回归系数（0.433）为正，与第（1）列长江经济带内。全部省市回归结果中的 Audit 的回归系数（0.035）的正负号相同，且分别在 1%和 10%的水平上显著，表明实施资源环境审计能够显著提高东部省市的环境效率。东部省市经济规模（GR）对环境效率有负面影响（-1.353），且在 10%的水平上显著，这与整个长江经济带和中西部省市的情形不同。同时，东部的人口密度（LN（PD））对环境效率也有负面影响（-0.205），且在 1%的水平上显著，这也与整个长江经济带和中西部省市的情况不同，表明东部省市人口密度大，成为东部省市环境效率提高的制约因素。这意味着，长江经济带范围内的东部各省市要适当控制人口密度，将人口限制在于经济发展和环境相协调的水平。值得注意的是，东部省市的产业结构（PI）、对外依存度（DT）、市场化指数（MI）回归系数未能通过显著性检验，表明这三个因素对环境效率的影响不甚明显，我们认为可能是长江经济带范围内的东部省份内部经济发展程度不平衡所致。

第三，中部省市。对比中部省市与东、西部省市各影响因素系数可发现，中部省市的影响因素系数绝对值要普遍小于东、西部省市，表明中部省市环境效率改善的潜力和空间没有东、西部省市大，但也并不意味着中部省市比东、西部省市更易改善环境效率，中部地区先天的自然资源条件优势可能会使其更易实现环境效率的改进。同样值得注意的是，中部省市的人口密度（Ln（PD））的回归系数（0.106）为正且在 5%的水平上显著，产业结构的回归系数（PI）为负且在 10%的水平上显著，其他影响因素不显著，表明提高中部省市的人口密度的同时，控制工业比重，可有效提高这些省市的环境效率。

第四，西部省市。除人口密度（Ln（PD））的回归系数不显著外，西部省市各影响因素系数的方向均与长江经济带全部省市的情形一致，且显著性较好。这说明要提高长江经济带内西部省市的环境效率，可以采用提高经济规模、市场化程度、扩大对外开放度和优化调整产业结构等综合措施。

从表 4.6 Panel B 的回归结果可得到类似的结论。交乘项 Audit_Post 的回归系数只是在第（1）列和第（4）列显著为正，表明资源环境审计对长江经济带各省市环境效率的影响主要是由于西部省市的样本所致，即与东部和中部地区相比，西部省市的环境效率敏感性更高，或者说，在长江经济带内的西部省市实施资源环境审计对于提高环境效率的作用更为明显。另外，需要说明的是，在 Panel B 第（3）列没有得到交乘项 Audit_Post 的回归系数，是因为在中部省市样本中，Post 与 Audit_Post 的取值完全相同，导致出现了完全的多重共线性问题，但这不影响现有的研究结论。

表 4.6　分地区回归结果

Panel A：模型（4.2）的回归结果

变量名	变量符号	被解释变量：Ln（EE）			
		全部省市	东部省市	中部省市	西部省市
		（1）	（2）	（3）	（4）
资源环境审计试点地区哑变量	Audit	0.035** （2.63）	0.433*** （3.32）	−0.034 （−1.23）	0.031* （1.73）
经济规模	GR	1.223*** （3.20）	−1.353* （−1.88）	0.189 （0.25）	1.512* （1.75）
产业结构	PI	−0.280*** （−2.98）	0.432 （1.36）	−0.203* （−1.92）	−0.460*** （−2.85）
对外开放度	DT	−0.040 （−1.18）	−0.030 （−0.57）	0.033 （0.34）	−0.197* （−1.74）
市场化程度	LN（MI）	−0.099*** （−3.00）	0.104 （0.78）	0.002 （0.02）	−0.147* （−1.92）
人口密度	LN（PD）	0.042** （2.58）	−0.205*** （−3.01）	0.106** （2.06）	0.010 （0.10）
常数项	Constant	0.804*** （12.63）	1.393*** （3.28）	0.380 （0.73）	1.010*** （11.73）
观测值	Obs	88	24	32	32
伪 R^2	Pseudo R^2	0.093	0.266	0.107	0.427
卡方统计量	Chi2	23.35	20.29	11.39	36.17

表4.6(续)

Panel B：模型（4.3）的回归结果

变量名	变量符号	被解释变量：Ln（EE）			
		全部省市	东部省市	中部省市	西部省市
		（1）	（2）	（3）	（4）
资源环境审计试点地区哑变量	Audit	0.052*** （3.07）	0.394** （2.78）	0.043 （1.33）	0.067*** （2.81）
资源环境审计试点后的年度哑变量	Post	0.004 （0.12）	0.138 （0.94）	0.013 （0.53）	0.016 （0.56）
交乘项	Audit_Post	0.028* （1.77）	−0.107 （−0.71）	— —	0.039* （1.89）
经济规模	GR	1.287*** （3.07）	−2.036** （−2.17）	0.264 （0.34）	1.688** （2.08）
产业结构	PI	−0.217* （−1.79）	0.414 （0.87）	−0.028 （−0.04）	−0.508*** （−2.97）
对外开放度	DT	−0.032 （−0.87）	0.087 （0.83）	0.028 （0.29）	−0.152 （−1.44）
市场化程度	LN（MI）	−0.126*** （−3.49）	0.174 （1.32）	−0.018 （−0.19）	−0.269*** （−3.05）
人口密度	LN（PD）	0.044*** （2.65）	−0.241*** （−3.40）	0.101* （1.94）	0.111 （1.16）
常数项	Constant	0.823*** （11.81）	1.287** （2.85）	0.441 （0.83）	1.007*** （12.14）
观测值	Obs	88	24	32	32
伪 R^2	Pseudo R^2	0.107	0.309	0.109	0.491
卡方统计量	Chi2	26.68	23.55	11.67	41.61

注：括号内为t值；***、**、*分别表示在1%、5%和10%的显著性水平上显著。

4.6 本章小结

本章采用投入产出数据，运用超效率DEA模型对2010—2017年长江经济带11省市的环境效率进行了测算，并用面板数据的Tobit模型检验了实施资源环境审计对长江经济带各省市环境效率的影响，最后还对长江经济带范围内东、中、西部各省市的环境效率进行了比较。

DEA 模型测算结果显示，长江经济带内西部省市的环境效率与中部和东部省市的环境效率存在明显差异，环境效率呈东部和中部高、西部较低的趋势。2010—2017 年，长江经济带 11 省市的环境效率不够理想，有 36%的省市环境效率处于较低水平（各省市各年平均的 DEA 效率值低于 0.85），10%的省市环境效率达到良好水平（各省市各年平均的 DEA 效率值高于 0.85 但低于 0.9）。

Tobit 模型回归结果表明，环境效率（EE）与是否实施资源环境审计（audit）正相关，与经济规模（GR）、人均 GDP（lnGDP）、对外开放度（DT）、市场化指数（MI）、人口密度（PD）、中部地区（Mid）正相关，与产业结构（PI）、西部地区（West）负相关，与市场化指数（MI）的相关系数较小。

此外，检验表明，就长江经济带内的不同区域而言，东部省市资源环境审计对环境效率的提升效果要强于西部省市，西部省市资源环境审计对环境效率的提升效果又强于中部省市。分地区的检验表明，西部省市的结果与长江经济带全部 11 省市基本类似，中部省市的结果不同于东部省市，这是由中部省市的特点所决定的。

5　资源环境审计对地区经济高质量发展的影响分析
——以长江经济带11省市为例

5.1　引言

改革开放四十余年以来，我国经济获得了飞速增长，经济规模空前扩大。然而，实现经济增长的同时，自然资源与生态环境却遭受了破坏。党的十九大报告指出："我国经济已由高速增长阶段转向高质量发展阶段，正处在转变发展方式、优化经济结构、转换增长动力的攻关期。"在经济高质量发展阶段，我们不再盲目追求经济规模，而是以追求人民对美好生活的向往为目标。

国家审计作为国家治理的基石和重要手段，在维护民主法治、提高政府效能、预防并打击腐败、保障国家安全、促进改善民生和推动透明问责等方面发挥了重要作用，对推进政府实现国家治理能力现代化具有重要意义。那么，在经济领域，国家审计机制的发挥理应促进经济增长和经济的高质量发展。

5.2　相关文献述评

近年来，随着国家对审计的功能发挥与经济发展的重视，学者们对资源环境审计与经济增长的关系研究也逐步深入和细致。

5.2.1　资源环境审计与经济增长的理论研究

1995年，美国经济学家格罗斯曼和克鲁格提出了"环境库兹涅茨曲线"，该曲线由此成为研究环境质量与经济增长之间关系的经典理论。其基本观点是，根据这一假说，一方面，经济增长意味着更大规模的经济活动，既需要更多的资源投入，又会带来更多的污染排放，因而会对环境质量产生负的规模效应；另一方面，经济增长通过清洁能源以及新技术的使用、产业结构的优化升级等，又会对环境质量产生正的技术进步效应和结构效应。一般说来，在大规模工业化阶段，规模效应超过技术效应和结构效应，环境质量随着经济增长不断恶化；在后工业化阶段，技术效应和结构效应超过规模效应，环境质量随着经济增长逐步改善。归结起来，这三类效应共同决定了环境质量与经济增长之间的倒 U 形曲线关系：环境质量随着经济增长呈先恶化后改善的趋势。

资源环境审计是否实施及其实施效果关系到环境质量的好坏，也直接影响着环境库兹涅茨曲线的形态，关系到社会生活和生产的各个领域。因而展开对资源环境审计与经济增长的关系研究具有十分重要的理论意义和现实意义。

我国学者对资源环境审计与经济增长的关系的研究以理论研究为主，探讨了国家审计维护经济安全的作用机理及实现路径（蔡春 等，2009；张庆龙、谢志华，2009；左敏，2011）、国家审计促进经济发展方式转变的作用（庄丹、李凌云，1997；王秐农 等，2011；尹平，2011）以及国家审计维护金融安全的作用（刘冰，2010）等方面。例如，王秐农等（2011）基于重庆经济发展模式研究了国家审计促进经济发展方式转变的路径和内容，指出开展民生工程审计是转变经济发展方式的根本，加大对重点国有企业、金融机构的审计力度是转变发展方式的重点，实施资源环境审计是实现可持续发展是转变经济发展方式的重要要求，也是转变经济发展方式的方向。王爱国等（2019）对国家审计推动经济高质量发展的作用机理进行了梳理，指出国家审计通过高经济资源配置效率和行政质量（包括领导干部公共权力运行质量、公共政策制定与执行质量）来促进经济高质量发展。孙文远和孙嫒嫒（2020）以领导干部自然资源资产离任审计试点为例，实证研究了资源环境审计对经济高质量发展影响，发现资源环境审计在一定程度上可以改善环境，通过加强对领导干部履责情况的监督，即开展领导干部自然资源资产离任审计能有效促进经济高质量发展。郑石桥和许玲玲（2020）基于中国省级面板数据研究了国家审计影响地方经济增长的机理和路径，并从国家审计对长短期经济增长的作用视角进行研究，发现国家审计通过审计揭示功能和审计建议功能的协同作用可产生抵御效应，在一定程度上不利于短期经济增长。而我们进一步分析发现，国家审计对经济发展水平较高地区的作用更为明显，且能促进经济的长期增长。

5.2.2 资源环境审计与经济增长的实证研究

近年来，学者们也开始对资源环境审计与经济增长的关系进行实证研究，并取得了较为丰硕的研究成果。李明和聂召（2014）运用1984—2010年的省级地方政府数据，实证考察了国家审计促进地方经济发展的作用效果及作用路径等问题。他们的研究发现，国家审计作用的发挥并不利于实现短期经济增长，但能够显著促进地方经济的长期发展；审计结果公告制度实施以来，国家审计在促进地方经济的长期发展中发挥了更大的作用；国家审计对于地方经济的促进作用，主要是通过提升地方政府的治理效率来实现的。韩峰等（2020）采用空间杜宾模型和2006—2016年我国283个地级及以上城市的面板数据，探讨了国家审计对城市经济发展质量的影响及其空间效应。结果表明，国家审计能显著提升本地区经济发展质量，但对周边地区产生了负向空间外溢效应；国家审计对本地和周边地区经济发展质量的影响是对动能转换、结构升级、发展效率、节能减排、成果分享五个方面作用机制影响的综合反映，且对结构升级、节能减排、成果分享的作用效果尤为明显。

综合来看，现有文献从作用机理等方面对国家审计影响经济高质量发展进行了研究，但研究结论、研究视角不尽相同，还没有学者将研究范围集中在某一特定区域。鉴于此，我们拟以长江经济带为例，对资源环境审计如何影响特定区域的经济高质量发展进行了研究。

5.3 资源环境审计影响地区经济增长的作用机制与假说提出

5.3.1 资源环境审计影响地区经济增长的短期抑制作用

在政府行为方面，短期内，资源环境审计的工作开展非常繁杂，国内理论研究体系尚不健全，开展工作的经验并不丰富，相关审计队伍的工作能力素质也有待加强，因此现阶段开展资源环境审计的效益并非十分显著。同时，开展审计工作需要相关部门的支持，这样会加大实际工作量，在工作开展中财政资金的投入也会随之加大。再者，对企业加强污染监督管理，在一定时间内无法实现产业转型升级的企业，将势必会减小产量，因而产生审计工作对经济的“倒逼”现象。

在企业行为方面，短期内，实施资源环境审计也会影响企业“成本”，这体现为实施资源环境审计可能增加企业的交易成本和决策成本，这些成本与污染监控、污染测量和污染报告等活动有关，如在可交易排污许可证制度下，企业的交易成本会提高；同时，实施资源环境审计也可能形成一种市场进入壁垒，企业在面临未来环境管制不确定情况下，可能延迟投资或推迟新产品和新技术的开发，从而影响企业的生产效率。

鉴于此，我们认为，现阶段实行资源审计也可能在短期内对地区经济产生一段时期的“抑制”效用。

5.3.2 资源环境审计影响地区经济增长的长期促进作用

资源环境审计可能从约束、规范和监督“政府行为”与“企业行为”两个层面对区域经济增长产生积极的“促进”作用。

在政府行为方面，首先，资源环境审计的开展过程中，实施环保资金审计，将有利于规范政府的财政支出行为，监控地方政府财政资金的使用情况，减少非效率投资，规范环境保护资金的投入和使用，有效降低治理污染的费用，防范并揭露环保资金腐败行为，这样能提高财政资金的使用效率，合理配置经济资源，从而促进地方经济的长期发展。其次，资源环境审计的开展过程中，实施经济责任审计，可以促进地方政府积极开展反腐败工作，一定程度上可以有效减少地方政府官员对于公共经济权力的违规使用和滥用，或向国家司法、纪检、监察等部门移送审计监督过程中发现的违法违规、贪污腐败等案件，有助于提升地方政府的反腐败效率，从而促进地方经济的长远发展。最后，资源环境审计开展过程中，实施政策落实跟踪审计，能一定程度上保障宏观经济政策的有效执行，促使地方政府加快产业转型升级，优化产业结构，创造更高的绿色经济收益，从而促进地方经济的长远发展（李明和聂召，2014）。

在企业行为方面，长远来看，实施资源环境审计可以影响企业“收益”。资源环境审计将促进企业（特别是资源型和重污染型企业）降低资源消耗，节约企业的可变成本，使企业在市场竞争中建立良好的社会声誉，增强顾客对企业产品的忠诚度，促使企业提供环境效果，获得与这些改善相关的经济利益。同时，资源环境审计可能引起资源型和重污染型企业在未来进行符合国家政策规定和要求的投资，比如选择更清洁的技术、更大规模的投资，增加对“先行企业”（如污染监测与控制设备产品相关的企业）的产品或服务的需求，为后者提供创造新产品的动力，使得这类“先行企业”的产品需求增加，并获得直接的经济利益。

因此，从长远来看，实施资源环境审计可以促进地区经济增长。

资源环境审计作用于地区经济增长的机制见图 5.1。由图 5.1 可知，一方面，资源环境审计将通过环保资金审计、经济责任审计和政策落实跟踪审计等路径影响政府行为作用于地区经济增长；另一方面，资源环境审计也将通过改变相关企业的“收益”与“成本”来影响企业经济效果，所有企业的净结果总和构成了对部门经济的净影响，进而使不同部门的净影响对地区经济和国家经济产生了最终影响。

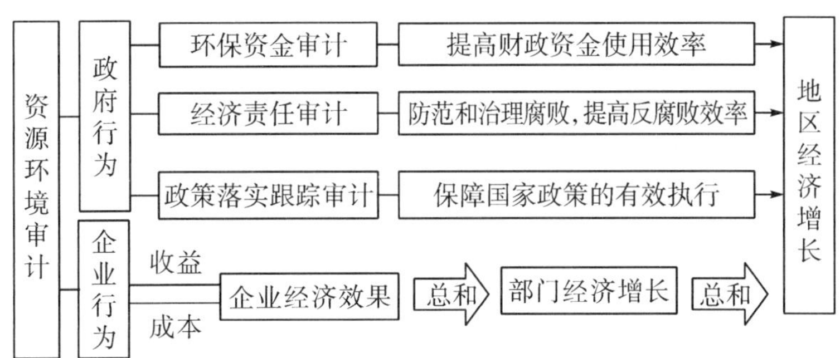

图 5.1　资源环境审计作用于地区经济增长的机制

综上所述，资源环境审计对地区经济增长的影响是通过影响“政府行为”和“企业行为”，分别产生“促进”和“抑制”两方面作用的综合结果，这些综合结果决定了对地区经济增长的净结果。资源环境审计到底对经济增长的影响如何还有待验证。

根据以上分析，本书提出了资源环境审计影响地区经济增长的两个研究假设：

H5.1：短期来看，资源环境审计的实施可能会抑制长江经济带内相关省市的经济增长。

H5.2：长期来看，资源环境审计的实施有利于促进长江经济带内相关省市的经济增长。

5.3.3　资源环境审计影响地区经济增长的区域差异

常年来，我国区域发展存在不平衡的现象，这可能会导致资源环境审计影响地区经济增长，从而出现区域差异。其具体体现为：首先，东部地区作为改革开放的前沿地区，其经济市场化程度更高，政府、国有企事业单位对市场的影响力减弱，而资源环境审计的对象主要是政府部门、官员以及国有企事业单位，那么，资源环境审计对东部地区经济增长的影响可能就会被弱化；其次，我国中部地区靠近内陆，政府、国有企事业单位对经济的调控能力强于东部，因此，中部地区实施资源环境审计对经济增长的影响可能会强于东部；最后，西部地区是我国欠发达地区，经济发展一直处于缓慢进步阶段，存在教育发展相对落后，高素质人才欠缺，公共基础设施不够完善，行政效率不高，配套服务不齐全，经济增长动力不足、经济发展质量不高等问题，这些原因可能会使得经济增长的资源环境审计作用路径受到抑制和影响，不能够充分发挥资源环境审计促进产业结构调整和经济发展方式转变的作用，从而导致地区经济增长受到影响。

根据以上分析，考虑到我国东、中、西部地区人才聚集和经济发展的差异情况，本书提出资源环境审计影响地区经济增长的第三个研究假设：

H5.3：资源环境审计对长江经济带范围内相关省市经济增长的作用（长期促进、短期抑制）在东、中、西部省市存在显著差异，具体体现为，资源环境审计对东部和西部地区经济增长的影响可能不明显，但能够显著影响中部地区的经济增长。

图 5.2 为本章研究假设的汇总。

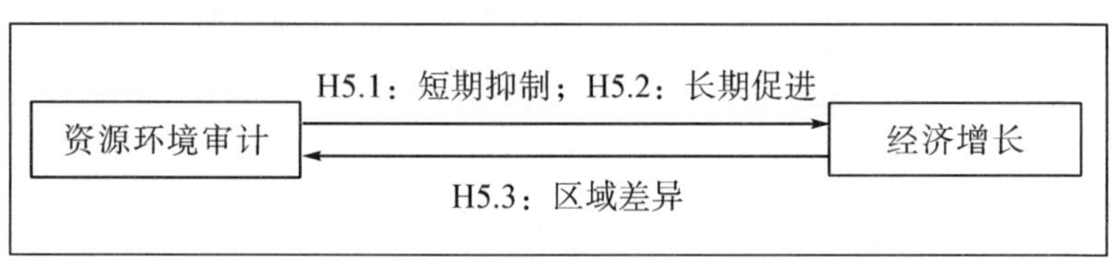

图 5.2　本章研究假设

5.4　资源环境审计影响地区经济增长的实证分析

5.4.1　样本选择与数据来源

本章研究的数据期间是 2010—2017 年，包括了长江经济带 11 省市的有关数据。资源环境审计的有关数据来自历年的《中国审计年鉴》，地区经济发展数据、人口统计特征数据主要来自历年的《中国统计年鉴》，各省市各年度外商直接投资数据来源于 Wind 数据库。需要说明的是，我们搜集的样本时间段是 2010—2017 年，但实际在计算经济增长率时，2010 年的经济增长率没有数据，因此，本章实际分析的样本时间段是 2011—2017 年，样本量是 77，即样本涵盖了长江经济带 11 省市 2011—2017 年共 7 年的数据。

5.4.2 模型构建与变量定义

5.4.2.1 模型构建

借鉴现有文献的相关研究，本章采用如下模型进行假设检验：

（1）资源环境审计与短期经济增长的短期关系模型。

资源环境审计与短期经济增长的短期关系模型见模型（5.1）：

$$Growth_{i,\ t}=\beta_0+\beta_1 Audit_{it}+\beta_2 GR_{it}+\beta_3 Ln(GP_{it})+\beta_4 PI_{it}+\beta_5 DT_{it}+\beta_6 DC_{it}+\beta_7 Ln(MI_{it})+\beta_8 Ln(PD_{it})+\beta_9 WEST_{it}+\beta_{10} MID_{it}+\varepsilon_{it} \quad (5.1)$$

（2）资源环境审计与长期经济增长的长期关系模型。

资源环境审计与长期经济增长关系的长期关系模型见模型（5.2）：

$$Growth_{i,\ t+j}=\beta_0+\beta_1 Audit_{it}+\beta_2 GR_{it}+\beta_3 Ln(GP_{it})+\beta_4 PI_{it}+\beta_5 DT_{it}+\beta_6 DC_{it}+\beta_7 Ln(MI_{it})+\beta_8 Ln(PD_{it})+\beta_9 WEST_{it}+\beta_{10} MID_{it}+\varepsilon_{it} \quad (5.2)$$

5.4.2.2 变量定义

（1）被解释变量。

采用“人均实际 GDP 增长率（Growth）”来衡量地区的经济发展情况，“人均实际 GDP 增长率”是由人均 GDP 经过以 2000 年为基期的 GDP 指数调整得到的。

（2）解释变量。

对于资源环境审计，我们采用了 2014 年是否实施领导干部自然资源资产离任审计（Audit）来衡量。如果某省市 2014 年实施了领导干部自然资源资产离任审计，则 Audit 赋值为 1，否则为 0。

实施资源环境审计的年度及以后年度哑变量（Post），若某年度为实施资源环境审计（2014）的年度及之后的年度，则 Post=1，否则 Post=0。

实施资源环境审计试点与实施年度虚拟变量的交乘项（Audit×Post），表示变量 Audit 与变量 Post 的乘积。

（3）控制变量。

借鉴林毅夫和刘志强（2000）、周业安等（2004）、傅勇（2010）以及范子英和张军（2010）等的研究，控制了以下变量：财政分权（FD），财政分权的度量方式有很多，学者们当前较为常用的是采用收支法进行度量，即采用“人均实际各地区本级财政支出/（人均实际各地级财政支出+人均实际中央本级财政支出）”来衡量中央与地方的事实分权程度，我们采用使用频率更高的支出法，即以各省市地方财政支出除以中央财政支出来表示各省市的财政分权；政府竞争程度（COMP），以“外商直接投资（FDI）的对数增长率”来衡量；固定资产投资增长率（INV），以“全社会固定资产投资增长率”来反映；人力资本投资（HR），以“普通中学在校生数占地区总人口的比重”来衡量；对外开放度（DT），以“进出口贸易总额/实际 GDP”来衡量；实际税负（RTAX），以“当地实际财政收入/实际 GDP”来衡量；人口增长率（PGRO），以“地区人口自然增长率”来衡量各地区的人口变动情况；城市化水平（URB），以“地区城镇人口占总人口的比重”来衡量；财政自给率（SF），以“预算内财政收入/预算内财政支出”来衡量。

本章所有变量定义见表 5.1。

表 5.1 变量定义

变量类型	变量名称	变量符号	变量定义
被解释变量	经济增长	Growth	人均实际 GDP 增长率
解释变量	资源环境审计试点哑变量	Audit	实施资源环境审计试点地区赋值为 1，否则为 0
控制变量	财政分权	FD	各省市地方财政支出/中央财政支出
	政府竞争程度	COMP	外商直接投资（FDI）的对数增长率
	固定资产投资增长率	INV	全社会固定资产投资增长率
	人力资本投资	HR	普通中学在校生数/地区总人口
	对外开放度	DT	进出口总额/实际 GDP
	实际税负	RTAX	当地实际财政收入/实际 GDP
	人口增长率	PGRO	地区人口自然增长率
	城市化水平	URB	地区城镇人口占总人口的比重
	财政自给率	SF	预算内财政收入/预算内财政支出
	时间哑变量	YEAR	2011 年赋值为 1，否则为 0
	区域哑变量	WEST	省份处于西部，则 WEST=1，否则为 0
		MID	省份处于中部，则 MID=1，否则为 0

5.4.3 实证结果与分析

5.4.3.1 变量描述性统计

表 5.2 Panel A 是本章主要变量描述性统计，样本为长江经济带 11 省市 2011—2017 年（7 年）共 77 个观测值，所有连续型数据采用 winsorize 作 1%分位上的极值处理。由表 5.2 可知，经济增长（Growth）的最小值为 0.050，最大值为 0.234，平均值为 0.113，可以说，2011—2017 年，长江经济带 11 省市人均实际 GDP 增长率达到了 11.3%，表明长江经济带 11 省市在样本时段内的

经济增长速度非常快。Audit 的均值为 0.545，说明长江经济带范围内有 54.5%的省市在 2014 年进行了资源环境审计（领导干部自然资源资产离任审计）试点。

控制变量方面。财政分权（FD）的均值为 0.223，意味着各省市的分权程度适中；政府竞争程度（COMP）的均值为 0.173，表明地方政府在引进外资方面付出了较大努力；固定资产投资增长率（INV）的均值为 0.156，高于 GDP 的增长速度，表明长江经济带范围内各地方政府通过投资驱动经济增长的动机非常明显；对外开放度（DT）的均值为 0.298，表明长江经济带范围内各省市外向型经济较为明显，进出口贸易在经济发展中发挥了重要的作用；城市化水平（URB）的均值为 0.556，表明长江经济带范围内各城市化水平较高；财政自给率（SF）的均值为 0.554，表明长江经济带范围内地方政府的财政状况均存在入不敷出的现象，财政赤字问题较为突出。

表 5.2 Panel B 是分地区的各省市主要变量描述性统计。从 Panel B 可知，经济增长（Growth）方面，近年来，东部、中部和西部地区的经济增长平均值分别是 0.091、0.114 和 0.134，呈现出东部低于中部、中部低于西部的“东低西高”情况，表明近年来，在“中部崛起”与“西部大开发”国家战略的推动下，长江经济带范围内的西部省市经济增长取得了较为突出的成绩；资源环境审计（Audit）方面，东部、中部和西部地区的资源环境审计平均值分别是 0.667、0.500 和 0.333，呈现出东部高于中部、中部高于西部的“东高西低”情况，表明国家在 2014 年度推行的资源环境审计试点更多地在东部和中部地区进行，长江经济带范围内的西部省市进行资源环境审计试点的较少。因此，经济增长（Growth）与资源环境审计（Audit）的试点的均值大小在地区范围上呈现出相反的规律，这引发我们进一步思考，西部地区高速经济增长的背后是否存在以牺牲环境为代价的情况。

从控制变量看，财政分权（FD）、城市化水平（URB）和财政自给率（SF）变量呈现出东部高于中部、中部高于西部的“东高西低”情况，而政府竞争程度（COMP）、固定资产投资增长率（INV）、人力资本投资（HR）、人口增长率（PGRO）呈现出东部低于中部、中部低于西部的“东低西高”情况。其余变量，如对外开放度（DT）呈现出东部高于中、西部，中部与西部对外开放程度基本一致。另外，实际税负（RTAX）方面，东部略高于西部，而中部最低，可能的原因是，中部地区的地方政府更多地是采用减免税收等税收优惠方式来促进经济发展。上述变量在东部、中部和西部地区省市呈现的特征基本符合我国经济发展过程中出现的“区域发展不平衡”的规律，为我们进一步探索在长江经济带范围内实施资源环境审计与各地区经济增长的关系提供了研究基础和基本思路。

表 5.2 主要变量描述性统计

Panel A：长江经济带 11 省市

变量名称/单位	变量符号	观测值	最小值	平均值	中位数	最大值	标准差
经济增长	Growth	77	0. 050	0. 113	0. 104	0. 234	0. 043
资源环境审计试点哑变量	Audit	77	0	0. 545	1	1	0. 501
财政分权	FD	77	0. 136	0. 223	0. 214	0. 381	0. 064
政府竞争程度	COMP	77	-0. 536	0. 173	0. 122	1. 622	0. 252
固定资产投资增长率	INV	77	-0. 029	0. 156	0. 156	0. 364	0. 071
人力资本投资	HR	77	0. 006	0. 017	0. 017	0. 028	0. 005
对外开放度	DT	77	0. 028	0. 298	0. 147	1. 472	0. 333
实际税负	RTAX	77	0. 077	0. 119	0. 111	0. 227	0. 033
人口增长率	PGRO	77	-0. 005	0. 006	0. 006	0. 019	0. 004
城市化水平	URB	77	0. 350	0. 556	0. 528	0. 896	0. 136
财政自给率	SF	77	0. 330	0. 554	0. 476	0. 931	0. 184

Panel B：长江经济带 11 省市分地区（东部、中部、西部省市）

变量名称/单位	变量符号	东部		中部		西部	
		观测值	平均值	观测值	平均值	观测值	平均值
经济增长	Growth	21	0. 091	28	0. 114	21	0. 134
资源环境审计试点哑变量	Audit	21	0. 667	28	0. 500	21	0. 333
财政分权	FD	21	0. 283	28	0. 204	21	0. 163
政府竞争程度	COMP	21	0. 165	28	0. 178	21	0. 197
固定资产投资增长率	INV	21	0. 108	28	0. 163	21	0. 201
人力资本投资	HR	21	0. 012	28	0. 018	21	0. 021
对外开放度	DT	21	0. 715	28	0. 144	21	0. 145
实际税负	RTAX	21	0. 138	28	0. 097	21	0. 134
人口增长率	PGRO	21	0. 005	28	0. 006	21	0. 006
城市化水平	URB	21	0. 730	28	0. 512	21	0. 473
财政自给率	SF	21	0. 837	28	0. 461	21	0. 434

表5.3是主要变量的相关系数。由表5.3可知，经济增长（Growth）与是否实施资源环境审计（Audit）的相关系数为正（0.038），表明实施资源环境审计的省市具有相对较高的环境效率，初步支持了本章前文关于经济增长与资源环境审计在长期内存在正相关关系的研究假设，即假设H5.2。同时，经济增长（Growth）与政府竞争程度（COMP）、固定资产投资（INV）、人力资本投资（HR）正相关，表明地方政府可以通过提升固定资产投资和人力资本投资来促进经济增长。然而，经济增长（Growth）与其余控制变量——财政分权（FD）、对外开放度（DT）、实际税负（RTAX）、人口增长率（PGRO）、城市化水平（URB）、财政自给率（SF）负相关，其中，经济增长（Growth）与对外开放度（DT）负相关，看似不符合经济发展规律，但并不能就此说明地方政府可以通过降低对外开放度来促进经济增长，导致这一现象出现的原因可能是，样本数据仅涉及长江经济带这一特定范围的特定时期。类似地，经济增长（Growth）与城市化水平（URB）负相关，同样看似不合理，但根据相关研究（张明斗，2013），城市化水平和经济增长本质上是相互影响的内生化过程，且城市化水平对经济增长的作用呈现倒“U”形关系，本研究初步发现的二者呈负相关关系可能是因为在较高的城市化水平上，经济增长（Growth）与城市化水平（URB）之间的关系处于“U”形的后半段所致。

从控制变量的相关系数来看，各控制变量间的相关系数较小，表明本章后续的回归分析中不会出现严重的多重共线性问题。

表5.3　主要变量的相关系数

变量	Growth	Audit	FD	COMP	INV	HR	DT	RTAX	PGRO	URB	SF
Growth	1										
Audit	0.038	1									
FD	-0.267	0.456	1								
COMP	0.033	0.004	-0.094	1							
INV	0.254	0.260	-0.315	-0.021	1						
HR	0.366	0.088	-0.458	0.005	0.525	1					
DT	-0.272	-0.176	0.317	0.008	-0.496	-0.681	1				
RTAX	-0.138	-0.482	-0.100	0.155	-0.242	-0.364	0.565	1			
PGRO	-0.121	-0.318	-0.246	-0.083	-0.298	-0.001	0.165	0.075	1		
URB	-0.430	-0.155	0.358	0.061	-0.436	-0.417	0.449	0.548	0.159	1	
SF	-0.329	0.009	0.519	-0.041	-0.486	-0.268	0.332	0.434	-0.012	0.495	1

5.4.3.2 多元回归结果分析

（1）H5.1 与 H5.2 的检验结果。

表 5.4 Panel A 是经济增长与资源环境审计短期关系模型的回归结果，Panel B 是经济增长与资源环境审计长期关系模型的回归结果，样本为长江经济带 11 省市 2011—2017 年（7 年）共 77 个观测值，所有连续型数据采用 winsorize 作 1%分位上的极值处理。

在 Panel A 中，第（1）列是未包含控制变量的回归结果，第（2）列是包含控制变量的回归结果。在第（1）列中，Audit 的回归系数为正，但不显著；在第（2）列加入了控制变量和年度哑变量后，Audit 的回归系数（-0.019）在 1%的水平上显著为负，表明实施资源环境审计会对试点地区当年的经济增长带来负面影响，从而支持了假设 H5.1。从控制变量的回归系数来看，政府竞争程度的回归系数为正，且在 10%的水平上显著，表明外商直接投资的增加有助于促进地区经济增长，固定资产投资增长率（INV）的回归系数为正，但不显著，而人力资本投资（HR）的回归系数（1.311）在 10%的水平上显著为正，表明总体来看，长江经济带范围内增加人力资本投资对于经济增长的促进作用会强于增加固定资产投资。实际税负（RTAX）的回归系数在 1%的水平上显著为负，表明税收负担的增加会抑制长江经济带各省市的经济增长。此外，中部地区哑变量（MID）和西部地区哑变量（WEST）的回归系数在 1%的水平上显著为正，表明在样本时段内，长江经济带内的西部省市和中部省份的经济增长速度超过了东部省市，这与我们在表 5.2 Panel B 中发现的情况一致。此外，我们剔除了年度虚拟变量重新回归后（未报告回归结果），主要变量的回归系数符号和显著性未发生明显改变。模型调整的 R^2 为 0.892，拟合效果很好。

在 Panel B 中，第（1）~（4）列分别是滞后 1、2、3、4 期长江经济带各省市的经济增长率，各列回归均包含了相关控制变量。从 Panel B 可知，Audit 在第（1）列的回归系数（0.014）为正但不显著，在第（2）和（3）列回归系数显著为正，其中，在第（2）列的回归系数（0.023）在 5%的水平上显著，在第（3）列的回归系数（0.025）在 10%的水平上显著，而 Audit 在第（4）列的回归系数（-0.005）开始为负但也不显著。由此可见，实施资源环境审计不能促进未来一年的经济增长，但能够显著促进实施地区未来两年、三年的经济增长，且促进效应在未来第四年开始消失。也就是说，资源环境审计的实施不利于短期经济增长，利于长期经济增长，假设 H5.2 得到证实。各模型调整的 R^2 较高，拟合效果较好。

表 5.4 回归结果分析

Panel A：短期关系模型

变量名	变量符号	(1)	(2)
资源环境审计试点地区哑变量	Audit	0.003 (0.33)	-0.019*** (-2.83)
财政分权	FD		0.060 (0.94)
政府竞争程度	COMP		0.017* (1.88)
固定资产投资增长率	INV		0.060 (0.97)
人力资本投资	HR		1.311* (1.87)
对外开放度	DT		0.014 (1.05)
实际税负	RTAX		-0.459*** (-3.63)
人口增长率	PGRO		-0.090 (-1.29)
城市化水平	URB		-1.009 (-1.46)
财政自给率	SF		0.044 (1.04)
区域哑变量（西部地区）	WEST		0.039*** (3.50)
区域哑变量（中部地区）	MID		0.033*** (3.37)
年度哑变量	YEAR	未控制	控制
常数项	Constant	0.111*** (15.06)	0.039 (0.92)
观测值	Obs	77	77
调整的 R^2	Adjusted R^2	0.001	0.892

表5.4(续)

Panel B：长期关系模型

变量名	变量符号	被解释变量：$Growth_{t+i}$（i=1，2，3，4）			
		$Growth_{t+1}$	$Growth_{t+2}$	$Growth_{t+3}$	$Growth_{t+4}$
		(1)	(2)	(3)	(4)
资源环境审计试点地区哑变量	Audit	0.014 (1.45)	0.023** (2.17)	0.025* (1.79)	−0.005 (−0.27)
财政分权	FD	−0.023 (−0.26)	−0.054 (−0.68)	0.020 (0.21)	0.084 (0.92)
政府竞争程度	COMP	0.029 (1.04)	0.090* (1.68)	−0.011 (−0.16)	0.022 (0.24)
固定资产投资增长率	INV	−0.048 (−0.72)	−0.201*** (−3.51)	−0.056 (−0.85)	0.182** (2.64)
人力资本投资	HR	0.137 (0.12)	0.072 (0.07)	1.184 (0.94)	1.161 (0.68)
对外开放度	DT	0.000 (0.00)	0.009 (0.27)	−0.073 (−1.67)	−0.070 (−1.40)
实际税负	RTAX	0.211 (1.01)	0.107 (0.39)	0.783** (2.19)	0.795* (1.94)
人口增长率	PGRO	−1.522 (−1.45)	−0.541 (−0.59)	0.588 (0.44)	−0.400 (−0.23)
城市化水平	URB	−0.057 (−0.61)	−0.138 (−1.53)	0.027 (0.23)	0.101 (0.76)
财政自给率	SF	0.003 (0.04)	0.070 (1.03)	0.070 (0.85)	0.027 (0.32)
区域哑变量（西部地区）	WEST	0.027 (1.57)	0.037** (2.29)	0.013 (0.66)	−0.022 (−1.00)
区域哑变量（中部地区）	MID	0.015 (0.99)	0.026* (1.76)	0.022 (1.17)	0.004 (0.18)
年度哑变量	YEAR	控制	控制	控制	控制
常数项	Constant	0.098* (1.88)	0.119** (2.49)	−0.070 (−1.21)	−0.110* (−1.81)
观测值	Obs	66	55	44	33
调整的 R^2	Adjusted R^2	0.303	0.396	0.223	0.458

注：括号内为t值；***、**、*分别表示在1%、5%和10%的显著性水平上显著。

（2）H5.3 的检验结果：资源环境审计影响地区经济增长的比较分析。

本书通过对地区哑变量与经济增长关系的研究，推测长江经济带内东、中、西部的省份实施资源环境审计对于地区经济增长的影响效应可能存在差异，各因素对东、中、西部省市环境效率作用的方式和影响大小也可能不同，那么，资源环境审计在影响长江经济带各省市经济增长方面，是否存在东、中、西部的地域差异呢？鉴于此，有必要分别研究各因素与长江经济带内东、中、西部的三个区域省份的经济增长关系情况。

在位于长江经济带的 11 个省市中，有 3 个省市地处我国东部地区（上海市、江苏省、浙江省），并分别有 4 个省市地处我国中部地区（安徽省、江西省、湖北省、湖南省）和西部地区（重庆市、四川省、贵州省、云南省），鉴于此，我们将地区哑变量去除，分三组分别运用最小二乘回归模型处理，得到相应的回归系数，进行进一步的检验。为了能全面比较，我们还剔除了地区哑变量的各影响因素，并将其与长江经济带各省市经济增长进行回归处理，相关回归结果见表 5.5。Panel A 是短期关系模型（模型 5.1）的回归结果，Panel B～Panel D 是长期关系模型（模型 5.2）的回归结果。Panel A 中，第（1）列是剔除地区哑变量后的全部长江经济带范围内各省市的回归结果，第（2）～（4）列分别是东、中、西部的分组回归结果。

从表 5.5 Panel A 的回归结果可得到如下结论：

第一，剔除地区哑变量后的全部长江经济带范围内各省市短期关系模型回归结果见 Panel B 第（1）列，可知 Audit 的回归系数为（-0.016）在 5%的水平上显著为负，与未剔除地区哑变量下的回归系数（表 5.4 Panel A 的第（2）列）正负方向一致，表明分析长江经济带全部 11 省市时加入地区哑变量是合理且有效的，与其他影响之间不存在严重的多重共线性问题，支持了 H5.1。

第二，东部省市。Panel A 中第（2）列是运用东部省市样本进行短期关系模型回归的结果，Audit 的回归系数（-0.077）为负，与第（1）列长江经济带内全部省市回归结果中的 Audit 的回归系数（-0.016）的正负号相同，但不显著，表明实施资源环境审计对于东部省市实施当年的经济增长影响不大。

第三，中部省市。Panel A 中第（3）列是运用中部省市样本进行短期关系模型绩回归的结果，Audit 的回归系数（-0.093）为负，与第（1）列长江经济带内全部省市回归结果中的 Audit 的回归系数（-0.016）的正负号相同，且在 5%的水平上显著，表明实施资源环境审计对于中部省市实施当年的经济增长会产生比较明显的负面影响，即短期内，实施资源环境审计会抑制中部地区的经济增长。

第四，西部省市。Panel A 中第（4）列是运用西部省市样本进行短期关系模型绩回归的结果，Audit 的回归系数（-0.178）为负，与第（1）列长江经济带内全部省市回归结果中的 Audit 的回归系数（-0.016）的正负号相同，但相关性不显著，表明实施资源环境审计对于西部省市实施当年的经济增长影响也不大。

因此，从 Panel A 的回归结果可知，在短期内，实施资源环境审计会对长江经济带范围内实施省市当期的经济增长产生一定程度的抑制作用，且该抑制作用主要在中部地区体现得最为明显。就其原因可能是：其一，我国东部地区市场化程度最高，市场经济受到政府、国有企事业单位的影响较小，而资源环境审计的对象主要是政府部门（包括政府官员）与国有企事业单位，由此导致经济增长受到资源环境审计这一外部政策的影响较小；其二，我国西部地区地处内陆，近年来在“西部大开发”战略下，其经济发展取得了成绩，但经济发展水平仍然落后于中部和东部地区，存在经济增长动力不足、经济发展质量不高等问题，这些原因可能会使得经济增长的资源环境审计路径受阻，进而影响地区经济增长；其三，我国中部地区则靠近内陆，政府、国有企事业单位对经济的调控能力强于东部地区。鉴于上述三方面原因，我们认为，资源环境审计对中部省市经济增长的影响系数大于东部和西部省市的影响系数，这部分支持了本章的第三个假设 H5.3。

表 5.5 Panel B~Panel D 中，第（1）列是剔除地区哑变量后的全部长江经济带范围内各省市的回归结果，第（2）~（4）列分别是东、中、西部，以滞后 1、2、3 期①经济增长为被解释变量的回归结果。

从表 5.5 Panel B 的东部地区回归结果可得到如下结论：分别以滞后 1、2、3 期的经济增长为被解释变量，回归结果中 Audit 的回归系数均为正，但数值大小依次增加（0.228 <0.519 <0.972），却都不显著，表明从长期来看，实施资源环境审计能促进东部地区的经济增长，但该促进效应在实施后的 3 年内还不够明显，需要进一步找到促使资源环境审计能够长期促经济增长的机制和路径。

从表 5.5 Panel C 的中部地区回归结果可得到如下结论：分别以滞后 1、2、3 期的经济增长为被解释变量，回归结果中 Audit 的回归系数均为正，数值大小也依次增加（0.012<0.021<0.055），且分别在 5%、5% 和 10% 的水平上显

① 由于样本数量的限制，在分地区的长期关系模型中，我们仅采用了滞后 1、2、3 期的经济增长，未再采用滞后 4 期的经济增长作为被解释变量进行回归分析。

著，表明从长期来看，实施资源环境审计能显著促进中部地区的经济增长，但该促进效应在实施后的 3 年内都较为明显。

从表 5.5 Panel D 的西部地区回归结果可得到如下结论：分别以滞后 1、2、3 期的经济增长为被解释变量，其中，滞后 1 期经济增长回归结果中 Audit 的回归系数为负（-0.173），且在 10%的水平上显著，表明在长江经济带范围内的西部地区实施资源环境审计，不仅会对当年的经济增长产生负面影响，还会对实施资源环境审计后的第 1 年地区经济增长产生抑制作用。但是，在滞后 2 期和 3 期经济增长回归结果中，Audit 的回归系数为正，分别为 0.116 与 0.258，但不显著，表明在长江经济带范围内的西部地区实施资源环境审计，可以一定程度地促进地区未来 2~3 年的经济增长。鉴于此，我们在西部地区开展资源环境审计，不能只顾及眼前利益，而应该具有长远眼光，把实施资源环境审计的经济结果着眼于未来 2~3 年。

表 5.5 分地区比较分析

Panel A：短期关系模型

变量名	变量符号	被解释变量：Growth			
		(1)	(2)	(3)	(4)
		全部省市	东部	中部	西部
资源环境审计试点地区哑变量	Audit	-0.016** (-2.21)	-0.077 (-0.39)	-0.093** (-2.45)	-0.178 (-1.15)
财政分权	FD	-0.335** (-2.63)	0.293 (1.53)	-0.529 (-1.21)	-3.322* (-1.94)
政府竞争程度	COMP	0.001 (0.03)	-0.026 (-1.17)	0.042 (0.64)	-0.097 (-0.63)
固定资产投资增长率	INV	-0.202** (-2.04)	-0.335 (-1.77)	-0.542** (-2.70)	0.120 (0.54)
人力资本投资	HR	-0.287 (-0.18)	28.581 (1.51)	10.295* (1.82)	8.166 (0.82)
对外开放度	DT	0.036 (1.25)	-0.028 (-0.72)	-0.078 (-0.55)	-0.281 (-1.45)
实际税负	RTAX	0.071 (0.34)	-1.276 (-1.11)	-3.598*** (-3.83)	-4.575* (-2.11)
人口增长率	PGRO	-0.428*** (-3.60)	-0.502 (-0.26)	-4.492 (-1.16)	5.405 (0.94)

表5.5(续)

变量名	变量符号	被解释变量：Growth			
		(1)	(2)	(3)	(4)
		全部省市	东部	中部	西部
城市化水平	URB	-1.319 (-0.90)	0.542 (0.39)	-0.858** (-2.56)	-1.150** (-2.93)
财政自给率	SF	0.163** (2.08)	0.111 (0.43)	0.237 (0.54)	0.417 (1.19)
年度哑变量	YEAR	控制	控制	控制	控制
常数项	Constant	0.351*** (4.43)	-0.698 (-0.50)	0.439** (2.46)	0.929** (2.27)
观测值	Obs	77	21	28	21
调整的 R^2	Adjusted R^2	0.219	0.013	0.506	0.053

Panel B：长期关系模型（东部）

变量名	变量符号	$Growth_{i,t+1}$	$Growth_{i,t+2}$	$Growth_{i,t+3}$
		(1)	(2)	(3)
资源环境审计试点地区哑变量	Audit	0.228 (0.64)	0.519 (0.37)	0.972 (1.24)
财政分权	FD	0.361** (2.38)	0.242 (0.40)	0.006 (0.01)
政府竞争程度	COMP	0.052 (1.46)	-0.095 (-0.28)	0.720 (2.17)
固定资产投资增长率	INV	0.062 (0.49)	-0.240 (-0.99)	0.225 (1.26)
人力资本投资	HR	12.464 (0.95)	35.660 (1.21)	-58.463 (-1.31)
对外开放度	DT	-0.159 (-1.16)	0.031 (0.08)	-0.276 (-0.98)
实际税负	RTAX	-0.378 (-0.35)	-0.445 (-0.06)	0.679 (0.11)
人口增长率	PGRO	-0.367 (-0.17)	-5.178 (-0.82)	7.454 (1.47)

表5.5(续)

变量名	变量符号	$Growth_{i,t+1}$	$Growth_{i,t+2}$	$Growth_{i,t+3}$
		(1)	(2)	(3)
城市化水平	URB	0.290 (0.24)	3.373 (1.31)	-5.119 (-1.38)
财政自给率	SF	-0.337 (-1.44)	0.091 (0.10)	-1.038 (-2.20)
年度哑变量	YEAR	未控制	未控制	未控制
常数项	Constant	0.225 (0.16)	-3.173 (-0.66)	6.015 (1.70)
观测值	Obs	18	15	12
调整的 R^2	Adjusted R^2	0.480	0.126	0.826

Panel C：长期关系模型（中部）

变量名	变量符号	$Growth_{i,t+1}$	$Growth_{i,t+2}$	$Growth_{i,t+3}$
		(1)	(2)	(3)
资源环境审计试点地区哑变量	Audit	0.012** (2.20)	0.021** (2.36)	0.055* (1.60)
财政分权	FD	-0.193 (-0.52)	-0.357 (-1.00)	-0.436 (-0.73)
政府竞争程度	COMP	-0.078 (-0.91)	0.195 (1.71)	0.036 (0.23)
固定资产投资增长率	INV	-0.020 (-0.15)	-0.290** (-2.55)	-0.245 (-1.85)
人力资本投资	HR	3.175 (0.79)	3.964 (1.13)	1.558 (0.37)
对外开放度	DT	-0.190 (-0.36)	-0.454 (-0.83)	-0.166 (-0.17)
实际税负	RTAX	-0.509 (-0.55)	0.585 (0.73)	1.034 (0.75)
人口增长率	PGRO	-2.087 (-0.78)	-0.371 (-0.15)	6.519* (2.18)
城市化水平	URB	0.299 (0.93)	-0.120 (-0.27)	-0.780 (-1.04)

表5.5(续)

变量名	变量符号	$Growth_{i,t+1}$	$Growth_{i,t+2}$	$Growth_{i,t+3}$
		(1)	(2)	(3)
财政自给率	SF	-0.271 (-0.71)	0.139 (0.33)	1.193 (1.52)
年度哑变量	YEAR	未控制	未控制	未控制
常数项	Constant	0.156 (1.24)	0.106 (0.99)	-0.115 (-0.77)
观测值	Obs	24	20	16
调整的 R^2	Adjusted R^2	0.199	0.170	0.270

Panel D：长期关系模型（西部）

变量名	变量符号	$Growth_{i,t+1}$	$Growth_{i,t+2}$	$Growth_{i,t+3}$
		(1)	(2)	(3)
资源环境审计试点地区哑变量	Audit	-0.173* (-1.90)	0.116 (1.11)	0.258 (1.22)
财政分权	FD	-3.216** (-2.62)	-2.971* (-2.50)	0.859 (0.46)
政府竞争程度	COMP	-0.092 (-0.91)	0.003 (0.04)	-0.046 (-0.37)
固定资产投资增长率	INV	0.216 (1.63)	-0.190 (-1.78)	-0.209 (-1.29)
人力资本投资	HR	8.389 (1.50)	2.343 (0.41)	-13.330 (-1.07)
对外开放度	DT	-0.197 (-1.29)	0.140 (1.03)	-0.387 (-1.68)
实际税负	RTAX	-0.156 (-0.10)	2.191 (1.37)	-1.617 (-0.64)
人口增长率	PGRO	2.523 (0.68)	-0.371 (-0.13)	2.029 (0.44)
城市化水平	URB	-0.685** (-2.42)	-0.253 (-0.99)	1.500 (1.69)
财政自给率	SF	0.021 (0.05)	-0.635 (-1.48)	-0.258 (-0.33)

表5.5(续)

变量名	变量符号	$Growth_{i,t+1}$	$Growth_{i,t+2}$	$Growth_{i,t+3}$
		(1)	(2)	(3)
年度哑变量	YEAR	未控制	未控制	未控制
常数项	Constant	0.847*** (3.65)	0.701** (3.51)	-0.075 (-0.24)
观测值	Obs	18	15	12
调整的 R^2	Adjusted R^2	0.619	0.740	0.472

注：括号内为t值；***、**、*分别表示在1%、5%和10%的显著性水平上显著。

5.5 本章小结

本章研究的焦点是资源环境审计能否促进经济增长。我们以2014年试点的领导干部自然资源资产离任审计为例，运用长江经济带11省市2011—2017年的面板数据，检验了资源环境审计与地区经济增长之间的短期和长期关系，还从不同地区对二者的关系进行了差异比较。研究发现，短期内，资源环境审计的实施可能会抑制长江经济带内相关省市的经济增长；但从长期来看，资源环境审计的实施有利于促进长江经济带内相关省市的经济增长。不同地区比较结果显示，资源环境审计对长江经济带范围内相关省市经济增长的作用（长期促进、短期抑制）在东、中、西部省市存在显著差异。其具体体现为：资源环境审计对东部和西部地区经济增长的影响不明显，但能够显著影响中部地区的经济增长，即短期内抑制、长期内促进中部地区经济增长。

上述研究结论表明，资源环境审计对地区经济增长的影响存在明显的时间效应和区域效应，因此，有关部门在制定资源环境审计的相关制度和政策时，应当考虑政策的时滞效应，也应当因地制宜，从而有利于政策发挥出较好的实施效果。

6 资源环境审计对行业技术创新效率的影响分析
——以长江经济带11省市为例

6.1 引言

长江经济带为国家“三大支撑带”之一，其人口、经济规模、创新资源和创新能力等方面在全国版图中占有重要位置，在推动国家创新发展方面具有重要的作用。资源环境审计是国家推行的一项重大举措，是我国实施可持续发展的必然要求。如果实施资源环境审计能够引导政府官员重视环境保护和落实环保政策和法规，而开展环境保护和落实环保政策法规需要环保技术的支持，那么，实施资源环境审计能否改善长江经济带各省市的技术创新效率呢?

事实上，实施资源环境审计会限制一些行业，特别是重污染行业的污染物排放，会对这类行业内的企业短期绩效产生负面影响，从而抑制经济的快速增长。在此负面影响下，行业技术创新作为推动经济发展（经济增长）的关键要素，能够实现生产要素的最优化，进而推动区域经济和行业经济向更高质量发展，弱化资源环境审计所带来的短期负面效应，推动经济实现高质量（高速、健康）发展。

本书第5章已经研究了资源环境审计对经济增长的影响，而现有文献已经就技术创新对经济发展（或经济增长）的影响进行了大量深入的研究，还少有学者研究资源环境审计如何影响行业技术创新，其作用过程、影响路径和机制也尚不明确，因而有必要进行深入的研究。本章研究问题的提出过程见图6.1。鉴于此，我们选择长江经济带这一区域视角，研究资源环境审计与行业技术创新的关系，以便更好地引导长江经济带的发展，同时，对国内其他区域经济的发展也可以产生借鉴作用。

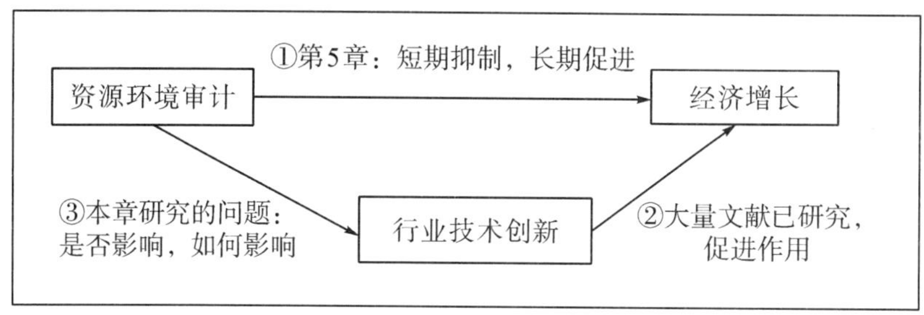

图 6.1　本章研究问题的提出过程

6.2　相关文献述评

技术效率指某个经济体实际的生产活动同技术前沿之间的距离。而技术前沿代表了在投入一定情况下的产出最大值或在产出一定情况下的投入最小值的集合。技术效率还可以进一步分为纯技术效率和规模效率。纯技术效率是将规模因素抽离，以便在技术效率中分析短期内不含规模因素情况下组织的效率如何。而规模效率衡量的是规模报酬不变的生产前沿与规模报酬变化的生产前沿之间的距离。在数值上，技术效率值 = 纯技术效率值 × 规模效率值。

学术界对资源环境审计与技术效率关系的相关的规范研究较少，实证研究相对丰富。相关研究大都基于“波特假说”等理论展开研究，得到了十分丰富的研究结论。其中，“波特假说”认为，“环保政策能够刺激企业技术创新，进而提高企业的竞争力”。我们在梳理近百篇文献后，整理了部分与本章研究主题相关的文献，具体包括下列几方面。

6.2.1　长江经济带行业技术创新的相关研究

一些学者对长江经济带范围内企业的技术创新效率进行了研究，得到了一系列卓有成效的研究结论。例如，吴传清等（2017）基于 2008—2014 年长江经济带 11 省市面板数据，运用 DEA-Malmquist 指数和面板 Tobit 模型对长江经济带技术创新效率进行了测度及影响因素分析，发现政府干预技术创新有助于提升长江经济带技术创新效率水平，企业自主创新持续稳定地促进了长江经济带技术创新效率水平的提升，社会投入对长江经济带上、中、下游地区技术创新效率的影响差异显著，城镇化进程对长江经济带上、中、下游地区技术创新效率的影响显著不同，产业现代化促进了长江经济带上、下游地区技术创新效率提升，却抑制了中游地区技术创新。罗芳和王远卓（2019）基于永续盘存法，对2008—2017年长江经济带规模以上工业企业的研发资本存量进行测算，然后在此基础上通过数据包络分析技术，分别从时间、空间的维度对长江经济带工业技术创新效率进行考察，发现从静态的角度来看，各省会工业技术创新效率差异存在不同，这种技术创新效率的类型可以分为规模效率欠缺型和技术效率欠缺型；而从动态视角来看，长江经济带上、中、下游流域各省级行政区创新效率增幅参差不齐，上游创新协同能力亟须提升。胡立和等（2020）用2006—2016年长江经济带11个省市的面板数据，采用随机前沿分析法（SFA）也对长江经济带11个省市的技术创新效率进行了测度，并比较不同省市之间的效率差异，同时深入探讨外部环境变量与技术创新效率的相关关系，还选取了7个影响技术创新效率的环境变量进行实证分析。研究发现，长江经济带11个省市的平均创新效率仍处于较低水平，区域技术创新能力有待提高。

6.2.2 技术创新效率影响因素的研究

廖倩等（2016）运用超效率DEA方法对长江经济带区域创新效率进行评价，并对其投入产出效率状况进行分析的同时，用全局空间莫兰I指数（Global Moran'I）和局部空间莫兰I指数（Local Moran' I）揭示长江经济带各省市创新效率的空间相关性，发现长江经济带区域创新效率总体较高，但内部差异显著，上海市、浙江省、江苏省、重庆市创新效率较高；湖北省、湖南省、四川省、贵州省、云南省五省纯技术效率有效，创新效率主要受创新规模制约；安徽省存在创新投入冗余、江西省存在创新投入冗余和创新产出不足的情况。此外，长江经济带整体创新效率空间相关性不显著，但内部部分区域之间存在一定的空间相关性。徐敏和陈媛（2020）以长江经济带11省市高技术产业为例，研究了政府补贴、金融集聚对技术创新效率的影响，发现高技术产业技术创新效率平均值为1.193，长江经济带上、中、下游差距显著，其中上、下游地区创新效率较高，中游地区的创新效率低。此外，黄磊和吴传清（2020）基于绿色技术创新的理论机理，采用超效率EBM模型从全国视角测度分析2017年长江经济带110个地级及以上城市绿色技术创新效率空间格局，进一步采用空间杜宾模型SDM探究长江经济带城市绿色技术创新效率的内在驱动机制。同时，他们还对长江经济带城市绿色技术创新效率及其动力机制进行了研究，发现长江经济带城市绿色技术创新效率领先于全国平均水平，但上、中、下游地区差异显著，呈右偏“V”形空间格局，下游地区城市绿色技术创新优势突出；经济发展、政府支持、产业结构高级化是直接提升长江经济带城市绿色技术创新能力的主导力量，发挥着绿色创新核心驱动作用；环境规制、外商投资、产业结构高级化、企业效益对长江经济带城市绿色技术创新效率具有较强的空间溢出效应，但城市间绿色创新要素竞争严重。

6.2.3 环境规制对行业技术创新效率影响的研究

首先，该类研究中，有些学者选择单一行业进行研究，也有学者同时分析多个行业。

在选择单一行业进行研究方面，成琼文等（2014）选择氧化铝这一具有高污染排放特性的行业，研究环境规制对该行业技术创新的影响，并基于企业规模差异进行了实证分析，发现在氧化铝行业，“波特假说”成立与否与企业的规模大小有关。具体而言，大型企业符合“波特假说”，即环境规制能促进企业技术创新进而增强企业竞争力，但中小型企业则不符合“波特假说”，即环境规制导致的成本增加反而抑制了企业的发展。马媛等（2014）则选择煤炭行业，研究环境规制对该行业技术创新的影响，发现环境规制政策的实施促进了煤炭行业在技术、管理、制度等方面的创新，并提出了政府应当完善税收、价格等方面的政策加以支持和进一步激发煤炭行业的技术创新。

在选择多行业进行研究方面，江珂和滕玉华（2014）基于中国20个污染密集型行业的面板数据，研究了不同污染密集型行业环境规制对技术创新的影响，发现环境规制对技术创新的影响存在着行业差异，环境规制能够显著促进重污染行业企业的技术创新，但环境规制对中度及轻度污染行业技术创新影响作用不显著，因而提出“要充分保障环境规制给创新产业带来的应有收益，政府应当对创新动力不足行业的技术创新加以引导，且被规制行业应主动实行环境战略采取积极措施来应对环境规制”的政策建议。刘春兰等（2014）则选取更多的行业，运用2001—2010年中国36个工业行业的面板数据，通过主成分分析方法构建综合的指标体系，实证分析“十五”和“十一五”期间环境规制对中国行业技术创新的影响，发现环境规制对不同的行业有着不同的影响（包括影响方向和影响程度）。具体而言，他们发现，环境规制对其中20个行业有正向效应，主要为协调性行业（环境技术效率大于0.7），但对其余的16个行业有负向效应，而这些行业主要为不协调性行业和行业协调性下调的行业。同时，环境规制对不同行业技术创新的影响程度也不同。此外，单春霞等（2019）以行业异质性为调节变量，研究了环境规制对工业行业技术创新的影响，发现从长期来看环境规制对工业行业的技术创新存在显著的正向影响，而在考虑行业异质性这个调节变量时，发现行业的技术密集程度越高，环境规制对其技术创新的促进作用更加显著，而行业的资源密集程度越高，环境规制对其技术创新的抑制作用更加显著，由此提出“政府应充分考虑工业行业的异质性特征，有针对性地制定相应的环境规制政策，以更好地促进工业企业的技术创新”的政策建议。

其次，在环境规制对技术创新的影响方面，国内外学者的研究结论不尽一致，具体包括二者呈正向关系、负向关系，或在不同条件下的正向或负向关系。

国外学者普遍认为环境规制正向影响技术创新。例如，波特（1995）提出了著名的“创新补偿理论”和“先动优势理论”。波特认为，当企业面临环境规制的压力时，会从各个方面努力寻求降低污染排放的路径，而技术创新是能从根本上解决该问题的路径之一。兰珠和莫迪（Lanjouw and Mody，1996）探究了美国、德国以及日本这三个国家环境规制强度对技术创新的影响。研究表明，企业对环境规制的服从成本越高，其技术专利申请数量就越多。布伦纳和科恩（Brunner and Cohen，2003）发现美国制造业服从环境规制的成本与技术专利申请数量之间存在正向效应。哈马莫托（Hamamoto，2006）经过实证研究发现，日本制造业治污成本的提高会带动技术专利申请数量的增加。国内学者方面，余伟等（2017）、刘伟等（2017）和田露（2019）的研究均发现环境规制能够促进企业进行技术创新活动。王锋正和郭晓川（2015）以我国资源型行业为样本，研究了环境规制对该行业技术创新的影响，发现提高环境规制强度能促进资源型产业绿色技术创新，反之则会降低甚至产生抑制作用，由此说明“波特假说”在我国的成立具有前提条件。后续的相关研究也进一步证实了该假说成立的前提，但研究结论不尽一致。如任胜钢等（2016）的实证研究表明，只有当污染程度较轻的时候，环境规制才会显著地提高其技术创新效率；而陈璇和钱薇雯（2019）的研究表明，在行业污染程度、搬迁成本较高的情况下，环境规制对技术创新的作用更加显著。

另外一些学者认为环境规制对技术创新会产生消极影响。例如，威利和惠特黑德（Walley and Whithead，1996）通过理论分析认为，在环境规制的压力下，企业将迫不得已把一大部分资本投入一些受政府规制且污染较少的项目，便没有足够的资金去投入那些前景良好的技术创新项目，从而降低其技术创新产出。瓦格纳（Wagner，2007）基于德国制造业的研究发现，环境规制强度和技术专利申请数量二者间存在着显著的负相关关系。钦特拉卡恩（Chintrakarn，2008）则以美国制造业为样本进行研究，发现环境规制水平与技术效率之间存在显著的负相关关系。格林斯托恩等（Greenstone et al.，2012）认为企业的创新能力会因为严格的环境法规而减弱。皮特森和晶根等（Preston and Jrgen et al.，2017）等研究澳大利亚政府短暂实行的碳定价政策的实施情况，结果发现，由于实施了环境规制政策，企业绿色技术创新的能力受到了抑制。一些国内学者的研究则十分认同资本投入的“挤出效应”，认为环境规制最终会抑制企业创新产出。例如，江珂和卢现祥（2011）实证分析了我国 29 个省份 1997—2007 年面板数据，他们认为环境规制负向影响技术创新。王国印和王动（2011）在进行实证分析后指出，环境规制会在很大程度上提高企业成本，并且降低其市场竞争力，使其不具备进行技术创新活动的精力和资本。刘伟等（2017）研究发现弱环境规制不利于工业技术创新。

此外，也有学者的研究发现，在不同条件下环境规制会对技术创新产生正向或负向的影响。例如，刘金林和冉茂盛（2015）研究表明，环境规制强度越强对工业、技术创新的作用越明显，但强度达到一定程度后技术创新水平反而下降。

可见，上述研究基于不同的样本、采用不同的研究方法，对不同行业的技术效率进行了测算，并研究了环境规制与行业技术效率之间的关系，得到了丰富的研究结论，但研究结论不尽一致。而资源环境审计与环境规制存在一定的联系，也存在差异。那么，“环境规制与行业技术创新之间的关系”可以类比于“资源环境审计与行业技术创新之间的关系”吗？目前还没有学者将资源环境审计这一外部制度因素纳入技术效率影响因素的分析框架中。鉴于此，我们在对 2010—2018 年长江经济带各省市行业技术创新效率进行重新测算的基础上，从单一区域、多行业视角研究了资源环境审计的实施是否影响以及如何影响行业技术创新效率，进而提出了相应的对策建议。

6.3 资源环境审计影响行业技术效率的作用机制与假说提出

6.3.1 资源环境审计对行业技术效率的作用机制

实施资源环境审计可通过惩罚作用、声誉作用和威慑作用影响被审计单位的环境机会主义行为，进而影响行业技术创新效率。

惩罚作用体现为：随着环境污染的日益加剧，环境保护成为工业行业的合法性考核指标，政府通过环境规制、资源环境审计等措施设定污染防治目标，定期监督，据此处罚或奖励被审计单位的环境保护行为。

声誉作用体现为：声誉是社会公众和利益相关者对审计主体的整体认知与评价。研究表明，声誉是审计主体（审计师）的重要资本，是推动审计主体保持独立性的内在动因（赵劲松，2005）。实施资源环境审计的主体是政府部门。政府部门为维护声誉，会努力提高资源环境审计的审计质量，有动机去发现和报告被审计单位在资源开发、环境保护等方面的问题。因此，声誉机制的发挥能够有效地约束和防范被审计单位在环境方面的机会主义行为，从而提高资源环境审计的监督效率。

威慑作用体现为：被审计单位出于即将实施资源环境审计的考虑，会事先主动减少环境机会主义行为。

资源环境审计威慑作用的发挥与处罚力度有关，处罚可以增加被审计单位的违法、违规成本，从而达到预防违法违规的目的。处罚形式包括责令纠正、罚款、警告等，而不同的处罚形式也关乎威慑作用能否真正发挥。同时，发挥这种威慑作用需要满足两个条件：一是被审计违规单位必须接受与违规行为相对应的严厉程度匹配的处理处罚；二是被审计违规单位必须严格执行审计处理决定。因此，审计处理处罚要有效发挥威慑作用就需要有完善的制度保障。

在上述三种作用下，资源环境审计通过提高被审计单位在实施环境机会主义行为的成本、同时降低其实施环境机会主义行为收益，发挥监督作用。相应地，在理性经济人假设下，被审计单位如果积极主动减少实施环境机会主义的行为，就会考虑通过技术创新来配合政府实施的资源环境审计，会积极进行技术改造，通过技术进步减少对生态环境造成污染，从而可能有利于提高或改善行业技术效率。

资源环境审计对行业技术效率的影响机制与路径如图 6.2 所示。资源环境审计在上述三种作用的影响下，通过作用于被审计单位实施环境机会主义行为的收益与成本，影响行业技术效率。

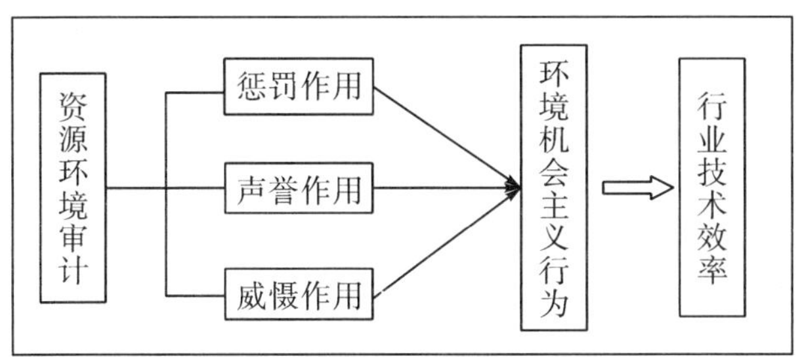

图 6.2　资源环境审计对行业技术效率的影响机制与路径

6.3.2　资源环境审计对行业技术效率影响的假说提出

根据以上分析，本书提出资源环境审计影响行业技术效率的第一个研究假设：

H6.1：资源环境审计的实施有利于促进长江经济带行业技术效率的提高。

由于长江经济带各省市行业在地理位置、行业规模、起点规模、投入产出效率、政策倾斜等方面存在差异，进而导致长江经济带行业技术效率的差异。学者们对行业发展存在的差异，提出了产业融合论、信息推动论等相关理论。产业融合论认为，一方面，高技术服务业与制造业融合有利于优化生产要素、促进技术溢出、拓展企业技术受益的范围、提升人力资本水平等，从而促进企业技术创新；另一方面，高技术服务业与制造业融合有助于削减企业高污染的生产环节，降低企业能耗和污染排放，为提升绿色技术创新效率奠定坚实基础（刘斌 等，2016；祝树金 等，2019）。现有研究发现，现代服务业技术效率存在区域差异（刘中艳，2013），而生产性服务业与制造业的产业融合能对制造业技术效率产生显著的正向影响（马蓉和罗晓甜，2020）。此外，贺祥民和赖永剑（2020）基于高技术服务业与制造业融合的数据研究，发现产业融合对绿色创新效率存在非线性影响。信息推动论认为，信息的传递和流动能够推动新产品和服务模式的形成，产生网络效应和规模经济，进而有利于促进区域和行业的技术创新。鉴于此，我们认为，资源环境审计对长江经济带行业技术效率的影响可能存在省际差异和区际差异。

根据以上分析，本书提出资源环境审计影响行业技术效率的第二个研究假设：

H6.2：资源环境审计对长江经济带行业技术效率的作用在东、中、西部省市存在显著差异。

近年来，我国环境污染的问题已经严重威胁到人民的健康，长江经济带区域的水污染、大气污染和固体废弃物污染问题仍然存在，已经引起了各方的普遍关注，我国政府也将污染物的治理列为“十三五”规划的约束性指标。为了解决这一问题，政府通过制定相应政策促进工业企业节能减排，以达到环境保护和经济发展相协调的目标。这些政策被称为环境规制政策，具体包含罚款及停产等强制性减排措施和污染治理补贴及排污费等市场化措施（石庆玲 等，2016；石光 等，2016）。

但是，这些环境规制政策的实施效果受到了理论界及实务界的广泛质疑，因为环境规制强度的增加并没有导致环境污染状况的有效改善，相反，有些地区的环境污染还在持续恶化。这种现象被康西迪尼等（Considine et al.，2013）称为环境规制政策的失灵，而导致环境规制政策失灵的原因可能是地方政府过度注重经济利益，而降低了环境规制政策的执行力度。我国东部地区的环境规制政策失灵问题较轻，中、西部地区则存在非常严重的环境规制失灵问题（傅强 等，2016）。

资源环境审计作为政府审计，近年来在环境污染治理中发挥了越来越重要的作用。资源环境审计通过环境政策审计、绿色经济责任审计和环境绩效审计等形式发挥风险预警、安全抵御和过程监督等功能。

环境政策审计主要针对与污染治理相关的财政政策、税收政策、金融政策、产权政策、技术政策、会计政策和价格政策等实施审计；绿色经济责任审计将问责与审计相结合，能够有效促使地方政府及企业转变过去以牺牲环境为代价的经济增长方式；环境绩效审计是对政府用于环境治理的公共支出的经济性、有效性进行监督、审计。通过审计公告制，让政府接受社会大众的共同监督，进而促使环境公共支出使用效益的不断提高。不同类型的政府审计可以调动起政府共同治理污染的积极性，推动企业加快技术创新。那么，资源环境审计与环境规制对技术创新的影响是存在互补效应还是替代效应呢？这是一个有待实证检验的问题。

根据以上分析，本书提出资源环境审计影响行业技术效率的第三、四个研究假设：

H6.3a：（替代效应）资源环境审计对长江经济带行业技术效率的作用在环境规制水平低的省市更显著。

H6.3b：（互补效应）资源环境审计对长江经济带行业技术效率的作用在环境规制水平高的省市更显著。

6.4 资源环境审计影响行业技术效率的实证分析

6.4.1 样本选择与数据来源

本章研究的数据期间是 2010—2018 年，包括长江经济带 11 省市的有关数据。资源环境审计的有关数据来自历年的《中国审计年鉴》，我们确定了 2014 年实施资源环境审计试点的地区包括贵州省（赤水市、荔波县）、江苏省（连云港市）以及四川省（绵阳市）。各省市专利等数据来自历年的《中国统计年鉴》，各省市各年度外商直接投资数据来源于 Wind 数据库。

6.4.2 模型构建与变量定义

6.4.2.1 *研究方法与模型构建*

随机前沿生产函数模型（SFA）和数据包络法（DEA）是较常见的测算效率的两类方法，都是通过构造生产前沿面来确定技术效率。SFA 与 DEA 方法相比具备以下优点：一是 SFA 通过极大似然法估计出各个参数值后，进而用技术无效率项的期望条件作为技术效率值，更适合大样本计算，且结果较为稳定，不易受异常点的影响；二是 SFA 可以对模型本身进行检验，如随机前沿模型适用性、生产函数的选择、是否具有时变性等；三是 SFA 不仅可以计算出样本中每个生产单元的技术效率水平，而且能够对形成各个单元技术效率差异的影响因素进行分析。而 DEA 体现的是技术进步（退步）对效率变化的影响，忽略了不可控因素和统计误差对结果的影响。

因此，我们参照胡立和等（2020）的研究，采用完整性和系统性更优的随机前沿分析方法（SFA）进行测算，依据巴蒂斯（Battese）和科埃利（Coelli）提出的模型，选用对数型 C-D 生产函数建立如下随机前沿生产函数模型：

$$\ln Y_{it} = \beta_0 + \beta_K \ln K_{it} + \beta_L \ln L_{it} + (v_{it} - u_{it}) \tag{6.1}$$

$$u_{it} = \delta_0 + \delta_1 \mathrm{Dep}_{it} + \delta_2 \mathrm{Loa}_{it} + \delta_3 \mathrm{Sto}_{it} + \delta_4 \mathrm{Open}_{it} + \delta_5 \mathrm{FDI}_{it} + \delta_6 \mathrm{Gov}_{it} + \delta_7 \mathrm{Edu}_{it} + w_{it} \tag{6.2}$$

$$\omega_i = v_{it} - u_{it} \tag{6.3}$$

$$\mathrm{TE}_{it} = \exp(-u_{it}) \tag{6.4}$$

$$\gamma = \sigma_u^2 / (\sigma_v^2 + \sigma_u^2) \tag{6.5}$$

$$LR = -2[LnL(H_0) - LnL(H_1)] \tag{6.6}$$

式（6.1）和式（6.3）中，Y_{it} 表示 i 省市 t 年度的技术创新产出，时间变量 t 表示技术变化。在我国可获取的专利数据主要包括专利申请数据和专利授权数据两套，但由于专利申请数据并不能代表创新的实际产出，并且存在大量冗余和申请失败的情况，因此采用专利授权数量来代表技术创新能力更为合理。

$\ln K_{it}$、$\ln L_{it}$ 分别表示 i 省市 t 年度 R&D 资本投入对数和 R&D 劳动投入对数。ω_i 为不可控的系统随机误差项，服从正态分布，它由两部分组成：第一部分 v_{it} 是不可控的系统随机误差项，服从正态分布，$v_{it} \sim N(0, \sigma_v^2)$，用以计算系统非效率；$u_{it}(u_{it}>0)$ 是系统非效率项（也称为效率残差），独立同分布且服从截尾正态分布，$u_{it} \sim N(\mu_{it}, \sigma_u^2)$，反映观测单元与生产前沿面之间的距离，代表每个观测单元所在外部环境因素对其产出的影响，且这些因素是可以改善的，用以计算技术非效率。

式（6.2）中，技术非效率项 u_{it} 可以由金融机构存款（Dep_{it}）、金融机构贷款（Loa_{it}）、股票市价总值（Sto_{it}）、地区开放程度（$Open_{it}$）、外商直接投资（FDI_{it}）、政府 R&D 支出（Gov_{it}）以及人力资本（Edu_{it}）解释。δ_0 为常数项，$\delta_i(i=1, \cdots, 7)$ 为待估系数，表示各影响因素对效率值的影响系数，若 δ_i 小于 0，说明该变量对创新效率有正向影响，反之，则意味着该变量对创新效率有负向影响。

式（6.4）、式（6.5）、式（6.6）中，TE_{it} 为 i 省市 t 年度的创新效率水平，γ 为待估参数，σ_v^2 是技术无效率项，σ_u^2 是随机误差项的方差。通过 γ 可以检验随机前沿函数是否有效，当 γ 越趋近于 1 且显著时，说明实际产出与随机前沿产出的差距主要源于技术无效率项，则 SFA 模型合理。此外，我们还可以进一步通过单边似然比 LR 对 $\gamma = 0$ 的原假设进行检验，如果 LR 检验统计量大于单边广义似然比检验的临界值，则拒绝零假设，说明模型有效。

6.4.2.2 多元回归模型构建

我们根据构建的随机前沿生产函数模型对长江经济带 11 省市创新效率及其影响因素进行测度和分析，模型中涉及的相关变量定义如下：

$$LnTE_{it} = \beta_0 + \beta_1 Audit_{it} + \beta_2 Fin_{it} + \beta_3 Open_{it} + \beta_4 FDI_{it} + \beta_5 Gov_{it} + \beta_6 Edu_{it} + \varepsilon_{it} \tag{6.7}$$

$$LnTE_{it} = \beta_0 + \beta_1 Audit_{it} + \beta_2 ER \times Audit_{it} + \beta_3 Fin_{it} + \beta_4 Open_{it} + \beta_5 FDI_{it} + \beta_6 Gov_{it} + \beta_7 Edu_{it} + \varepsilon_{it} \tag{6.8}$$

式（6.7）中，LnTE 是各省市的行业技术创新水平，Audit 表示相应省市是否实施资源环境审计，Fin、Open、FDI、Gov 和 Edu 为控制变量。ε 为随机扰动项。下标 i 代表省市，t 代表年份。

式（6.8）是在式（6.7）的基础上，加入环境规制（ER）与资源环境审计（Audit）的交互项，以检验H6.3并识别资源环境审计对环境规制的技术创新效应有何影响。

6.4.2.2 变量定义

（1）被解释变量——各省市的行业技术创新水平（LnTE）。

随机前沿模（SFA）反映的是单个产出和多个投入之间的关系。本章测度各个省市的技术创新效率水平，即科技创新投入与产出之间的关系，因此产出变量需要反映各个省市的技术创新产出水平。参照以往的文献，我们采用各省市每年的专利授权量（作为产出变量）表示各省市的行业技术创新水平。

在投入变量方面，我们参照吴延兵（2006）、陈诗一（2011）的做法，采用永续盘存法测度各个省市每年的R&D资本存量作为技术创新资本投入变量，其计算公式如式（6.9）和式（6.10）所示：

$$K_t = E_t + (1 - \delta)K_{t-1} \tag{6.9}$$

$$K_0 = E_0/(g + \delta) \tag{6.10}$$

式（6.9）和（6.10）中，K_t、K_{t-1}代表各个省市第t期和第$t-1$期的R&D资本存量，E_t为各个省市在t期的R&D经费支出，δ表示折旧率，我们借鉴大多数研究的做法，将R&D资本存量的折旧率设定为15%。同时，我们以2009年为基期，K_0和E_0分别为基期R&D资本存量和基期R&D经费支出。g表示各个省市每年R&D实际支出的平均增长率，即$g = (E_t - E_{t-1}) / E_{t-1}$。在测度R&D实际支出时，考虑到价格变动的影响，本章借鉴朱平芳（2003）构建的R&D支出价格指数（PI），即PI = 0.55 ×居民消费价格指数+ 0.45 ×固定资产投资价格指数，然后对现价R&D经费支出进行平减。

（2）解释变量——资源环境审计（Audit）。

采用领导干部自然资源资产离任（在任）审计代表资源环境审计，某省市某年开始实施领导干部离任（在任）审计，则在实施当年及以后的年度，Audit赋值为1，否则为0。

（3）调节变量——环境规制程度（ER）。

对环境规制严格程度的度量方法较多，可以使用工业废水排放达标率、工业污染治理投资额、环境污染治理投资额等指标来表示。但这些指标都是从治理的角度对环境规制进行度量，没有从规制效果的综合视角来度量。Kheder和Zugravu（2008）用GDP/Energy度量环境规制水平，他认为使用这个变量的好处在于它可以度量政府针对环境的一系列规则和条款的真正影响效果。GDP/Energy是反应能源消费水平和节能降耗水平的主要指标，反映了各项节能减排政策所取得的真实效果，起到检验节能减排成效的作用，一般来说，在总产值不变的情况下，能源消费越少，污染排放量也会相应降低，该值越大，说明节能减排效果越明显（单位 GDP 的绿色能力越强），也预示着环境规制水平越高。鉴于此，我们借鉴凯德尔（Kheder）和祖格拉夫（Zugravu）（2008）和李阳等（2014）的做法，采用 ER= GDP/Energy 作为长江经济带各省市环境规制强度的代理变量。

（4）控制变量。

一个省市的技术创新效率不仅受投入产出情况的影响，还受一系列其他外部因素的影响。我们参照现有文献，将这些因素作为控制变量放入回归模型中进行分析，这些影响因素及变量定义如下：

①金融发展程度（Fin）。稳定健康的金融市场不仅为地区和企业创新活动提供持续的资金支持，还能引导市场资源流向抗风险能力和创新能力都较高的地区和企业，从而优化创新资源的配置。同时金融市场的发展和深入能够产生较强的溢出效应，促进地区间的技术扩散。本章通过信贷市场发展水平和资本市场发展水平代表各个省市金融市场的发展程度。其中，信贷市场发展水平用各个省市银行等金融机构的存贷款余额与 GDP 的比值（Dep_{it}、Loa_{it}）表示。资本市场发展水平采用各个省市的股票市价总值与 GDP 的比值（Sto_{it}）表示。

②地区开放程度（Open）。在全球化背景下，对外开放是一个地区引进和学习国外前沿技术，提升自身技术创新能力的重要途径之一，而通过国际上的经济贸易活动能够促进信息交流和技术转移。本章借鉴其他学者的做法，采用各个省市进出口总额与 GDP 的比值（$Open_{it}$）来反映其开放水平。

③外商直接投资（FDI）。当前，资源跨国流动是国家和地区参与全球化的重要标志。FDI 在带来创新资金的同时，还会通过技术扩散、人员流动、示范效应和竞争效应等方式对本土企业的创新活动产生促进作用。本章采用各个省市外商直接投资额与 GDP 的比值（FDI_{it}）表示，以人民币对美元的当年平均汇率统一换算。

④政府 R&D 支出（Gov）。政府干预通过政策制定、公共财政等方式影响市场创新活动。古典经济理论认为，政府过度干预会产生寻租、垄断和阻碍资源自由流动等弊端，不利于技术进步和市场健康发展。但随着经济危机的爆发，学术界又逐渐认识到，适度的政府干预有助于建立规范的市场秩序，提高资源配置效率，从而促进经济的发展。本章通过各个省市地方政府 R&D 支出与财政支出的比值（Gov_{it}）表示。

⑤人力资本发展水平（Edu）。人才是技术创新的核心力量，一个地区的人力资本是影响技术创新效率的重要因素，而人力资本的发展水平又和地区的教育程度紧密相关。因此，本章选取 6 岁及以上人口的人均受教育年限表示，

其计算公式为：6 岁及以上人口平均受教育年限=（小学总人数×6+初中总人数×9+高中总人数×12+大专及以上总人数×16）/6 岁及以上总人口数。

以上变量的数据主要来源于《中国统计年鉴》《中国科技统计年鉴》《中国人口与就业统计年鉴》《中国金融统计年鉴》以及《地方统计年鉴》。

本章主要变量定义见表 6.1。

表 6.1　主要变量定义

变量类型	变量名称	变量符号	变量定义
被解释变量	技术创新效率	TechEff	考虑了技术无效率项的情况下，采用随机前沿模型（SFA）测算长江经济带沿线省市的技术创新效率
解释变量	资源环境审计	Audit	实施资源环境审计试点地区赋值为 1，否则为 0
调节变量	环境规制水平	ER	GDP/Energy，即国内生产总值/能源消耗量
控制变量	信贷市场发展水平	Dep、Loa	各省市银行等金融机构的存贷款余额 与 GDP 的比值
	资本市场发展水平	Sto	各省市的股票市价总值与 GDP 的比值
	地区开放程度	Open	各个省市进出口总额与 GDP 的比值
	外商直接投资	FDI	各个省市外商直接投资额与 GDP 的比值
	政府 R&D 支出	Gov	各个省市地方政府 R&D 支出与财政支出的比值
	人力资本	Edu	6 岁及以上人口的人均受教育年限

6.4.3　实证结果与分析

6.4.3.1　主要变量描述性统计

表 6.2 为主要变量的描述性统计。Panel A 按年度统计的长江经济带 11 省市技术创新效率评价的有效专利数，Panel B 是按西、中、东（上游、中游和下游）划分的长江经济带 11 省市的有效专利数，Panel C 是其他变量的描述性统计。从表 6.2 Panel A 可知，2010—2018 年，长江经济带 11 省市的有效专利数逐年增加，从 2010 年的 40 万项增加到 2018 年的 110 万项，9 年间有效专利数翻了一番，表明了长江经济带技术水平的不断提升。从表 6.2 Panel B 可知，从各年的情况看，下游地区的有效专利数最多，上游地区次之，中游地区最低。从表 6.2 Panel C 可知，存款余额与 GDP 的比值（Dep）的均值为 1.819，标准差为 0.761，表明长江经济带 11 省市的存款余额存在显著差异。贷款余额与 GDP 的比值（Loa）的均值为 1.298，资本市场发展水平（Sto）的均值为

0.446，地区开放程度（Open）的均值为0.302，外商直接投资（FDI）的均值为0.153，政府R&D支出（Gov）的均值为0.024。此外，人力资本（Edu）的均值为3.071，标准差为1.514，表明长江经济带11省市的人力资本状况也存在显著差异。

表6.2 主要变量的描述性统计

Panel A：长江经济带11省市技术创新效率评价的有效专利数

年度	有效专利数/万项	观测值	最小值	平均值	中位数	最大值	标准差
2010	40	11	0.3	3.7	1.6	14	4.7
2011	50	11	0.3	4.6	1.9	20	6.2
2012	68	11	0.6	6.2	2.4	27	8.6
2013	69	11	0.7	6.3	2.9	24	8
2014	65	11	0.8	5.9	2.8	20	6.9
2015	83	11	1.2	7.6	3.9	25	8.5
2016	81	11	1	7.4	4.3	23	7.8
2017	81	11	1.3	7.4	4.6	23	7.5
2018	110	11	1.9	10	6.4	31	10

Panel B：长江经济带11省市技术创新效率评价的有效专利数 单位：项

地区	2010年	2011年	2012年	2013年	2014年	2015年	2016年	2017年	2018年
重庆	12 080	15 525	20 364	24 828	24 312	38 914	42 738	34 780	45 688
四川	32 212	28 446	42 218	46 171	47 120	64 953	62 445	64 006	87 372
云南	3 823	4 199	5 853	6 804	8 124	11 658	12 032	14 230	20 340
贵州	3 086	3 386	6 059	7 915	10 107	14 115	10 425	12 559	19 456
上游	51 201	51 556	74 494	85 718	89 663	129 640	127 640	125 575	172 856
湖北	17 362	19 035	24 475	28 760	28 290	38 781	41 822	46 369	64 106
湖南	13 873	16 064	23 212	24 392	26 637	34 075	34 050	37 916	48 957
江西	4 349	5 550	7 985	9 970	13 831	24 161	31 472	33 029	52 819
中游	35 584	40 649	55 672	63 122	68 758	97 017	107 344	117 314	165 882
上海	48 215	47 960	51 508	48 680	50 488	60 623	64 230	72 806	92 460
江苏	138 382	199 814	269 944	239 645	200 032	250 290	231 033	227 187	306 996
浙江	114 643	130 190	188 463	202 350	188 544	234 983	221 456	213 805	284 621
安徽	16 012	32 681	43 321	48 849	48 380	59 039	60 983	58 213	79 747
下游	317 252	410 645	553 236	539 524	487 444	604 935	577 702	572 011	763 824
总体	404 037	502 850	683 402	688 364	645 865	831 592	812 686	814 900	1 102 562

表6.2(续)

Panel C：其他变量描述性统计

变量名称	变量符号	观测值	最小值	平均值	中位数	最大值	标准差
环境规制水平	ER	99					
存款余额与 GDP 的比值	Dep	99	0.605	1.819	1.663	5.765	0.761
贷款余额与 GDP 的比值	Loa	99	0.684	1.298	1.256	2.194	0.364
资本市场发展水平	Sto	99	0.140	0.446	0.316	2.295	0.402
地区开放程度	Open	99	0.032	0.302	0.144	1.443	0.342
外商直接投资	FDI	99	0.001	0.153	0.049	0.968	0.235
政府 R&D 支出	Gov	99	0.007	0.024	0.016	0.061	0.015
人力资本	Edu	99	1.430	3.071	2.780	8.520	1.514

6.4.3.2 随机前沿模型（SFA）估计结果

我们采用 Frontier 4.1 软件对长江经济带技术创新效率使用极大似然估计法进行参数估计，并对估计结果进行分析，估算结果如表 6.3 所示。

从表 6.3 可知，参数 γ 值为 0.972，γ 的 T 检验值为 8.679，在 1%的水平上显著，说明前沿生产函数的误差项中有将超过 90%的成分受技术无效率项影响，因此有必要应用随机前沿生产函数模型进行分析。同时 LR 为混合卡方分布的似然比检验统计量，表中 LR 等于 9.41，P 值为 0.001，说明 LR 值通过单边 1%的检验，SFA 模型设定合理。

表 6.3　随机前沿生产函数估计结果

参数	系数	标准差	T 值
σ^2	0.497	0.095	5.239
γ	0.972	0.112	8.679
log 函数值	-49.286***		
单边 LR 检验	9.41***		

注：***、**、*分别表示变量在 1%、5%、10%的水平上显著。

我们在表 6.3 的基础上，以长江经济带 9 省 2 市为观测单元，进一步测度了各个省市的技术创新效率值，结果如表 6.4 所示。从表 6.4 可以看出，长江经济带 11 个省市的技术创新效率均值为 0.611，平均效率水平较低，具有较大的上升空间。上海市的技术创新效率均值为 0.868，在所有省市中排名第一。其次是浙江、江苏、重庆等省市。说明上海作为长江经济带流域的龙头城市，政治、经济与社会发展水平都处于领先地位，同时作为全国重要的经济、交通、科技和金融中心，其外部环境条件都有利于技术创新的发展，技术创新效率也已经发展到了一个较高的水平。同时从表6.4中也可以看出浙江的技术创新效率紧随上海之后，而江苏同样作为长江三角洲的重要省份，技术创新效率水平却低于上海、浙江两个省市。近年来，浙江各市县的新兴产业和技术发展势头较猛，尤其是其省会城市杭州，不仅大力发展旅游、电子等新兴产业，同时依托其区位优势和良好的发展政策，注重对高科技产业和电子信息产业的扶持。而江苏除了苏州、南京、无锡之外，其他城市的经济和科技发展水平并不突出。另外，重庆、贵州、四川和云南4个西部省市的技术创新效率约0.4~0.8，安徽、江西、湖北、湖南4个东部省份的技术创新效率最低，说明长江经济带各个省市的技术创新效率差距较大，各个省市的技术创新能力发展水平尚不均衡。而按照东、中、西部区域划分来看，技术创新效率呈现U形结构，存在中部塌陷现象。由于技术创新效率和能力受到内外环境的多重因素影响，部分省市的技术创新水平仍有较大的提升空间。

表6.4　2010—2018年长江经济带11省市的技术创新效率

年度	上海	江苏	浙江	安徽	江西	湖北	湖南	重庆	四川	贵州	云南	均值
2010	0.853	0.945	0.796	0.420	0.590	0.517	0.197	0.656	0.621	0.371	0.502	0.588
2011	0.856	0.844	0.708	0.398	0.527	0.448	0.244	0.646	0.563	0.370	0.418	0.547
2012	0.869	0.846	0.798	0.486	0.546	0.446	0.250	0.652	0.548	0.445	0.427	0.574
2013	0.784	0.699	0.706	0.447	0.456	0.375	0.223	0.546	0.662	0.518	0.377	0.527
2014	0.819	0.671	0.677	0.466	0.375	0.378	0.205	0.586	0.703	0.547	0.370	0.527
2015	0.933	0.818	0.897	0.757	0.513	0.506	0.280	0.872	0.839	0.909	0.520	0.713
2016	0.923	0.687	0.930	0.772	0.533	0.512	0.265	0.881	0.879	0.945	0.478	0.709
2017	0.911	0.634	0.886	0.694	0.549	0.602	0.258	0.864	0.748	0.775	0.451	0.670
2018	0.865	0.532	0.881	0.625	0.563	0.572	0.261	0.881	0.693	0.791	0.421	0.644
均值	0.868	0.742	0.809	0.563	0.517	0.484	0.243	0.731	0.695	0.630	0.440	0.611

在位于长江经济带的11个省市中，有3个省市地处我国东部地区（上海市、江苏省、浙江省），并分别有4个省市地处我国中部地区（安徽省、江西省、湖北省、湖南省）和西部地区（重庆市、四川省、贵州省、云南省）。为了进一步比较技术创新效率随时间变化的情况，本章通过常用的区域划分法，

将长江经济带 11 个省市划分为东部（上海市、江苏省、浙江省），中部（安徽省、江西省、湖北省、湖南省）和西部（重庆市、四川省、贵州省、云南省）三个区域，并将长江经济带 2010—2018 年的整体效率均值和 3 个区域的年均效率值用图 6.3 呈现出来，以便探讨各个省市技术创新效率随时间而演变的规律。从图 6.3 可以看出，无论是长江经济带 11 个省市的技术创新效率均值还是东、中、西部三个区域的技术创新效率均值，都基本处于逐年上升的趋势。这说明随着时间的推移，长江经济带区域的技术创新能力和效率在不断提高。此外，中部区域的技术创新效率均值低于 11 个省市的效率均值，但是增长势头较好，这说明近年来中部区域与其他区域的差距在不断缩小。

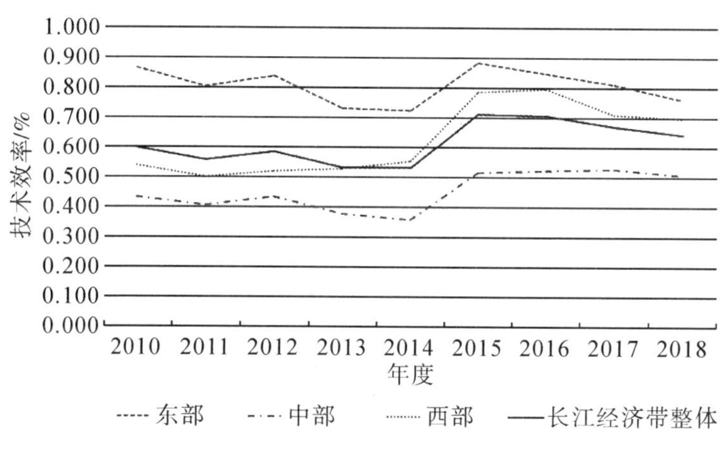

图 6.3　2010—2018 年长江经济带 11 省市技术效率演变

6.4.3.3　相关系数分析

表 6.5 为本章主要研究变量间的相关系数分析。从表 6.5 可知，技术效率（TE）与资源环境审计试点（Audit）与环境规制（ER）呈显著正相关关系，表明资源环境审计的试点以及环境规制（ER）的实施有利于提高区域技术创新效率。资源环境审计试点（Audit）与环境规制（ER）呈正相关关系，但不够显著，表明资源环境审计试点地区与环境规制较强的地区不存在明显的重合现象，实施资源环境审计能一定程度上弥补相应省市环境规制水平的不足。

技术效率（TE）与存款余额与 GDP 的比值（Dep）、贷款余额与 GDP 的比值（Loa）、资本市场发展水平（Sto）、地区开放程度（Open）、外商直接投资（FDI）以及政府 R&D 支出（Gov）也都呈现出显著的正相关关系，表明上述因素有利于提高长江经济带各省市的技术创新效率。

表 6.5　相关系数分析

	TE	Audit	ER	Dep	Loa	Sto	Open	Fdi	Gov	Edu
TE	1									
Audit	0. 102	1								
ER	0. 160	0. 006	1							
Dep	0. 288	−0. 364	0. 241	1						
Loa	0. 598	−0. 286	0. 367	0. 571	1					
Sto	0. 449	−0. 180	0. 326	0. 663	0. 690	1				
Open	0. 256	−0. 196	0. 397	0. 560	0. 700	0. 683	1			
Fdi	0. 219	−0. 210	0. 366	0. 564	0. 608	0. 685	0. 971	1		
Gov	0. 312	0. 004	0. 405	0. 372	0. 548	0. 574	0. 800	0. 746	1	
Edu	0. 418	−0. 359	0. 294	0. 831	0. 820	0. 873	0. 844	0. 842	0. 595	1

6. 4. 3. 4　回归模型估计结果

(1) 资源环境审计对长江经济带行业技术创新效率的影响。

基于长江经济带技术创新效率值，探究资源环境审计与技术创新效率的相关关系，表 6. 6 为资源环境审计对长江经济带行业技术创新效率的影响分析。

在表 6. 6 中，银行等金融机构的信贷市场发展对技术创新效率具有显著正向影响，尤其是贷款规模（Loa），T 检验值在 1%的水平上显著，这说明金融机构通过贷款为企业等主体的技术创新活动提供了有力的资金支持，对区域技术创新能力提高起到了正向促进作用。教育程度（Edu）系数为负，且在 5%的水平上显著，说明随着区域内教育事业的发展和提升，人才的储备量和素质也在不断提高，各个高校和科研机构的技术活动从业人员在不断增加，从而对区域内技术创新效率产生显著正向影响，另外外商直接投资（FDI）和政府 R&D 支出水平的系数为负，但是影响并不显著。资本市场发展程度（Sto）和地区开放水平（Open）对该区域技术创新效率的影响效果没有得到很好的验证。综上可知，该区域各个创新主体的创新活动和成果转换效率更多地受到内部资源和能力的影响，其他外部环境和相关经济活动并没有对技术创新效率的提升产生较明显的溢出效应。目前我国各个高校和科研机构开展创新项目、从事技术创新活动往往是独立进行的，没有与市场主体进行有效的交流与合作，取长补短，因而在技术创新资源的获取和技术创新成果转化方面存在不足。

表 6.6 资源环境审计对长江经济带行业技术创新效率的影响分析

变量	(1)	(2)
	TE	TE
Audit	0.042 (1.01)	0.076* (1.98)
Dep		0.218 (0.94)
Loa		1.009*** (2.73)
Sto		0.356 (0.92)
Open		-1.407*** (-3.08)
FDI		2.323*** (2.75)
Gov		5.981** (2.56)
Edu		-0.365 (-0.91)
Constant	0.588*** (19.02)	1.415 (1.02)
Obs	99	99
Adjusted R^2	0.01	0.581

注：***、**、*分别表示变量在1%、5%、10%的水平上显著。

（2）资源环境审计对长江经济带行业技术创新效率影响的区域差异分析。

表6.7汇报了资源环境审计对长江经济带行业技术创新效率影响的区域差异。第（1）~（3）列分别汇报了东部（下游）、中部（中游）和西部（上游）地区的情况。

表 6.7　资源环境审计对长江经济带行业技术创新效率的影响：区域差异

变量	被解释变量：TE		
	(1)	(2)	(3)
	东部（下游）	中部（中游）	西部（上游）
Audit	−0.296	−0.096	0.069
	(1.37)	(1.18)	(0.16)
Dep	−0.193	0.208	1.195**
	(−0.93)	(0.40)	(2.23)
Loa	−0.479	−0.071	−0.792
	(−0.83)	(−0.10)	(−1.20)
Sto	−0.353	0.535	−0.706
	(−0.81)	(0.53)	(−0.87)
Open	0.217	−1.877	0.379
	(0.34)	(−0.63)	(0.32)
FDI	−1.272*	6.984	−1.581
	(−2.19)	(1.67)	(−0.85)
Gov	5.897	11.762**	18.401*
	(0.80)	(2.60)	(1.82)
Edu	0.334	−0.445	0.062
	(0.75)	(−0.51)	(0.09)
Constant	3.029	1.339	0.768
	(0.68)	(0.36)	(0.32)
Obs	27	36	36
Adjusted R^2	0.977	0.758	0.911

注：***、**、*分别表示变量在1%、5%、10%的水平上显著。

（3）资源环境审计对长江经济带行业技术创新效率的影响：环境规制、行业异质性的调节作用。

为考察环境规制、行业异质性对资源环境审计与长江经济带行业技术创新效率之间关系的调节效应，我们分别加入了环境规制（ER）与资源环境审计（Audit）的交互项。表6.7为资源环境审计对长江经济带11省市行业技术创新效率的影响分析。

在表6.7中，第（1）列是没有控制资本和劳动的回归结果，第（2）列是控制了资本和劳动的回归结果。在两列中，Audit的回归系数均为正，且在

1%的水平上显著；而交乘项 ER×Audit 的回归系数均为负，且均在 1%的水平上显著，表明资源环境审计的实施对于行业技术创新效率的影响在环境规制水平高的省市会被减弱，在环境规制水平低的地区更明显，这意味着资源环境审计与环境规制对于技术创新效率的影响存在替代效应。从环境规制（ER）本身的回归系数看，ER 的回归系数为负或不显著，表明较高的环境规制水平本身不足以提高技术效率，而结合资源环境审计这一政策的实施才有利于提高行业技术创新效率，从而支持了研究假设 H6. 3a。

表 6.7　资源环境审计对长江经济带 11 省市行业技术创新效率的影响分析

变量	(1)	(2)
	TE	TE
Audit	0. 251***	0. 272***
	(3. 10)	(3. 60)
ER×Audit	−0. 226***	−0. 211***
	(−4. 63)	(−4. 65)
ER	−0. 101*	0. 065
	(−1. 83)	−0. 97
lnK		−0. 608***
		(−3. 88)
lnL		0. 501***
		(2. 91)
Dep	0. 058	0. 003
	(0. 75)	(0. 02)
Loa	0. 978***	0. 649*
	(5. 58)	(1. 93)
Sto	0. 215	0. 103
	(−1. 5)	(−0. 3)
Open	−1. 914***	−1. 985***
	(−5. 82)	(−4. 78)
FDI	2. 168***	2. 356***
	(4. 45)	(3. 28)
Gov	5. 037**	10. 193***
	(2. 01)	(3. 75)

表6.7(续)

变量	(1)	(2)
	TE	TE
Edu	−0.13	−0.055
	(−1.05)	(−0.15)
Constant	−0.139	2.979**
	(−1.10)	(2.46)
Obs	99	99
Adjusted R^2	0.657	0.706

注：***、**、*分别表示变量在1%、5%、10%的水平上显著。

6.5 稳健性检验

相关研究认为，采用专利受理数据作为产出变量不能反映创新质量，因此，我们采用长江经济带各省市2010—2018年新产品销售收入作为替代变量，并根据工业生产者出厂价格指数将其折算为2010年不变价，研究资源环境审计对行业技术效率的影响（李玉婷和祝志勇，2019）。研究结论与现有研究结论相似。

6.6 本章小结

6.6.1 研究结论

本章利用长江经济带11个省市2010—2018年的面板数据，在考虑了技术无效率项的情况下，采用随机前沿模型（SFA）测算长江经济带沿线省市的技术创新效率。测算结果表明，长江经济带整体技术创新水平在2010—2018年处于0.4~0.6，在2010—2016年处于0.6~0.9，与胡立和等（2020）测算的全国技术创新效率均值相比，2010—2018年长江经济带整体技术创新值已略高于全国平均值，说明近年来长江经济带技术创新水平有大幅提升。上海、浙江和重庆三省市的技术创新效率在长江经济带沿线省市中处于领先地位。

中部四省的技术创新效率值低于长江经济带11个省市的平均技术创新效

率，与东部沿海省市的技术创新发展尚存在一定差距。从时间上看，长江经济带整体技术创新效率值和东、中、西部的技术创新效率值处于逐年上升趋势，且三大区域间的效率差距在逐渐缩小。

在对技术创新效率进行评价的同时，本章还对影响技术创新效率的相关因素进行了探讨，研究结果表明，金融发展中信贷市场的发展程度对区域技术创新效率有着显著的正向推动作用；区域教育发展程度也与技术创新效率有着显著的正相关关系；对外开放水平（Open）和资本市场发展与技术创新效率存在负相关关系；政府资金和外商直接投资（FDI）系数虽然为负，但其显著性没有得到很好的验证。

6.6.2 政策建议

基于随机前沿分析模型（SFA）得出的上述结论，本章给出如下建议：

（1）进一步强化人才在提升长江经济带区域技术创新效率和能力过程中的发展贡献，尤其要加大对从事科研事业和创新活动的高素质人才的培养和投入。考虑到各个省市之间在政策环境和经济实力方面存在一定差距，对高素质人才的吸引能力不同，应充分发挥东部区域，尤其是上海的引领、辐射和带头作用，建立有效的技术交流平台和人才共享机制，促进区域内各项技术要素自由流动，缓解欠发达省市的人力资本约束问题。

（2）进一步发挥金融市场对提升技术创新效率的支撑作用。根据张薇薇、高帅雄（2018）关于金融发展对技术创新作用的综述，资本强度越高的地区和行业，其技术积累水平和技术含量也越高，技术创新效率水平才会更高。因此，我们必须解决区域内金融资源错配问题，推动金融集聚，为企业或其他科研主体开展创新活动提供有力的资金支持，同时分担市场风险。

（3）更好地发挥政府在技术创新方面的引导和桥梁作用。技术创新的目的在于把其成果转化为生产力，推动经济高质量发展。从测算结果来看，长江经济带各省市的技术创新效率仍然具有较大的提升空间，说明在创新成果向生产力转化时并不完全有效，需要注重技术创新产出对经济增长的贡献。因此，在政府投入效果并不明显的情况下，需要政府转变职能，发挥更关键的引导和桥梁作用，协调好国家政策资源与企业创新动力和创新行为的关系，搭建有效的沟通合作平台，推动市场主体与科研主体的协同创新行为。

7 资源环境审计对企业行为的影响分析

——以长江经济带 11 省市为例

7.1 引言

2018 年 5 月 23 日，中共中央总书记、国家主席、中央军委主席、中央审计委员会主任习近平在主持召开的中央审计委员会第一次会议上明确指出“要深化审计制度改革，解放思想、与时俱进，创新审计理念，及时揭示和反映经济社会各领域的新情况、新问题、新趋势”。审计制度改革作为经济体制改革的重要组成部分，在国家宏观经济运行中发挥着重要作用。

近年来，为了寻找审计制度改革实施路径，探寻审计制度改革的影响，学者们展开了大量研究。这一过程中，随着宏观经济研究对微观基础的日益重视，审计与微观企业行为的交互关系越来越成为当前学术界讨论和研究的热点。资源环境审计作为国家在生态环境保护领域提出的重要宏观政策措施，对微观企业行为的影响日益成为学者们关心的问题。与此同时，任何微观主体的行为都是在一定的宏观经济环境下发生的，在经济面临政策调整的大背景下，企业的技术创新、污染排放、R&D 投入等都有可能受到影响。因此，微观领域的学者们对微观企业行为的研究自然离不开其所处的宏观经济环境。

7.2 相关文献述评

7.2.1 政府影响微观企业行为的相关研究

政府影响微观企业行为的研究众多。现有研究表明，政府可以通过管制（沈永建，2020）、实施的产业政策（黎文靖和郑曼妮，2016；王爱俭 等，2020）、财政政策（马海涛和朱梦珂，2020；王百强 等，2020）、货币政策（雒敏和聂文忠，2020）、信贷政策（伍中信 等，2013）、政府补贴（邹洋 等，2019）、政府干预（王明益和石丽静，2018）等诸多方面影响企业行为，这些企业行为包括债务期限结构（孙铮 等，2005）、企业投资、研发创新投入、企业绩效提升、企业避税、金融资产配置、社会责任、企业战略、劳动力决策等。

7.2.2 环境规制影响微观企业行为的相关研究

环境规制作为一种政府政策，理应对微观企业的行为产生影响。具体而言，研究发现，环境规制具有产业结构调整效应（原毅军和谢荣辉，2014），同时也会影响企业的环保投资（王云 等，2017），也会对企业的技术创新与经营绩效（颉茂华 等，2014；余伟 等，2017）、投资偏好（王书斌和徐盈之，2015 ）、企业全要素生产率（王杰和刘斌，2014）以及企业竞争力（张嫚，2004）等方面产生显著的影响。

7.2.3 资源环境审计影响微观企业行为的相关研究

资源环境审计的实施主体是政府审计部门及其工作人员，资源环境审计也理应属于政府审计的范畴，是反映政府意志的一种审计监督行为。

除利用相关外生政策形成的外生冲击进行研究外，也有研究直接探索资源环境审计对微观企业行为的影响。蒋秋菊和孙芳城（2019）研究了领导干部自然资源资产离任审计对企业避税行为的影响，发现以领导干部自然资源资产离任审计为代表的资源环境审计有利于降低资源型和重污染型企业的避税强度，且这种效应更多地存在于非国有企业和地方政府不存在财政压力地区的企业中，这表明实施领导干部自然资源资产离任审计能够对企业税收规避行为发挥监督效应。李秀珠和刘文军（2020）研究了领导干部自然资源资产离任审计对企业债务融资的影响，发现离任审计提高了相关企业债务资本成本，包括银行借款成本和债券融资成本；离任审计降低了企业未来债务融资规模，有微弱的证据显示离任审计降低了企业获得商业信用的规模。

图7.1概括了上述相关文献的研究主题，也表达了不同层次的政府行为对微观企业行为的影响。可见，上述研究基于不同的样本、采用不同的研究方法，对不同行业的技术效率进行了测算，并研究了环境规制与行业技术效率之间的关系，得到了丰富的研究结论，但研究结论不尽一致。而资源环境审计与环境规制存在一定的联系，也存在差异，那么，“环境规制与行业技术创新之间的关系”可以类比于“资源环境审计与行业技术创新之间的关系”吗？然而，目前还没有学者对将资源环境审计这一外部制度因素纳入技术效率影响因素的分析框架中。鉴于此，我们在对2011—2017年长江经济带各省市行业技术创新效率进行重新测算的基础上，从单一区域、多行业视角研究资源环境审计的实施是否影响以及如何影响行业技术创新效率，进而提出相应的对策。

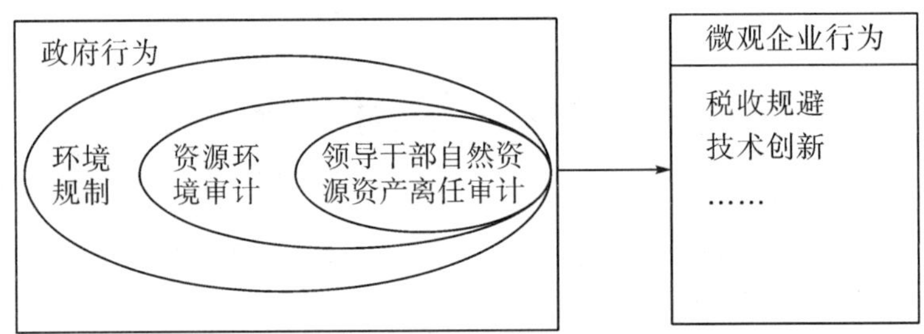

图7.1　不同层次的政府行为对微观企业行为的影响

7.3　资源环境审计影响企业行为的作用机制

改革开放以来，我国政府对官员的考核由“政治挂帅”转变为官员任期内的经济绩效，这种官员的“晋升锦标赛”铸就了中国经济增长的奇迹（罗党论 等，2015）。但是，相伴随的是自然资源和生态环境遭受了严重的破坏，资源和环境为经济的发展付出了沉重的代价，经济的可持续发展问题日益严峻。因为，追求GDP增长的“晋升锦标赛”使得部分官员只关注任期内辖区的短期经济增长，忽视了经济的高速增长对环境造成的严重污染以及对资源、能源的过度消耗（周黎安，2007），导致部分官员辖区内环境污染事故频发（于文超和何勤英，2013）。面对这一严峻形势，党和政府希望通过领导干部自然资源资产离任审计这项制度，扭转个别地方官员盲目追求地区经济增长、忽视生态环境建设和自然资源保护这一现状。

在中国这样的转型与新兴市场国家，政府官员对微观企业有着重要影响。部分政府官员非常关心自己的“晋升”机遇，而官员“晋升”存在“锦标赛”模式（周黎安，2007），地方政府官员的晋升通常主要受到地区经济增长状况的影响（罗党论 等，2015）；同时，地区社会治理（如教育、就业、社会保障、城乡文化生活、人口与计划生育、科技投入与创新）和环境治理（如资源消耗与安全生产、耕地资源保护与环境保护）也越来越成为影响官员晋升的重要因素（刘伟和李连发，2018）。领导干部自然资源资产离任审计这项新制度的推行契合了我国政府官员晋升机制的演变，意味着中央将对地方政府官员管辖区域内的自然资源和环境保护进行问责，要求地方政府官员在注重发展地区经济的同时还要重视资源保护与环境污染治理。

辛克莱·德斯加涅和加贝尔（Sinclair Desgagné and Gabel，1997）认为，资源环境审计的实施，一定程度上可以成为公司治理机制的一个补充。关于是否实施资源环境审计，企业管理层的动机可能存在差异。公司所在区域开展资源环境很有可能会引起公司（特别是资源环境型企业与重污染企业）管理层的关注，并采取资源分配（如管理层需要在环保项目与非环保项目上合理分配资源）等相应的措施。因此，资源环境审计的实施导致公司管理层需要在“环境治理成本”与“环境治理收益”之间进行权衡。

近年来，研究资源环境审计影响微观企业行为的文献日益增多。总体而言，根据现有文献，资源环境审计主要通过三条路径对微观企业行为发挥作用：一是惩罚作用，通过处理处罚资源环境责任履行出现问题的责任单位和责任人，惩前毖后，以儆效尤，发挥个别预防和一般预防作用；二是声誉作用，通过对资源环境责任履行出现问题的责任单位和责任人处理处罚进行公示，一定程度上会给相关责任单位和责任人的声誉造成负面影响，他们为了避免这些负面影响，可能会事先约束自己的行为；三是威慑作用，由于相关责任单位和责任事先知道自己在资源环境责任履行方面出现问题会遭受处罚，为了避免处罚给自身利益带来损害或声誉受到负面影响，最好是事前依法认真履行资源环境责任，不策划或不从事资源环境机会主义行为（高丽霞 等，2018）。资源环境审计作用于企业行为的机制分析如图 7.2 所示。

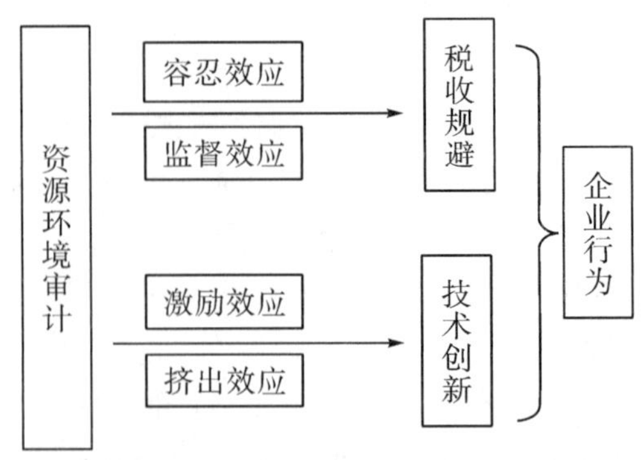

图 7.2　资源环境审计作用于企业行为的机制分析

研究表明，企业行为深受地方政府的影响，体现为企业不仅需要向地方政府贡献税收以支持地区经济增长，还需要承担部分地方政府官员追求环境效益的责任。那么，政府官员晋升机制的转变也势必影响企业行为。本章致力于研究资源环境审计对企业税收规避和技术创新这两类行为的影响。

7.4　资源环境审计影响企业行为的实证分析

7.4.1　资源环境审计影响企业税收规避的实证分析

7.4.1.1　理论分析与研究假设

（1）领导干部自然资源资产离任审计对企业税收规避的效应机制。

在企业的各类行为中，税收行为或避税行为与政府联系最为紧密。从理论上讲，税收规避是企业综合权衡避税的收益、成本和风险等因素的结果。企业通过税收规避将原本应上缴税收部门的现金部分留存公司并用于自身发展，这虽然有助于提高公司业绩，但也会减损地方政府的财政收入，降低政府为社会提供各项公共服务的能力，导致资本配置效率低下和收入分配失控（曹越 等，2018），不利于政府官员政绩和晋升。因此，在单纯地以地区经济增长为核心的政绩考核压力下，政府官员会积极致力于防范和抑制企业的税收规避行为，降低企业的避税程度以促进地区经济增长，从而提高政绩，即政府官员的“GDP 增长”目标在一定程度上可以抑制企业的避税行为。

领导干部自然资源资产离任审计的实施对企业避税的影响需要辩证地看待，本章认为领导干部自然资源资产离任审计影响企业税收规避的过程中会产生两类效应，包括“容忍效应”或“监督效应”。

一方面，在领导干部自然资源资产离任审计下，试点地区政府官员的政绩不仅将受到地方经济增长的影响，还会受到辖区内企业对于自然资源资产的利用与保护程度的影响，这意味着地方政府官员晋升机制发生了转变（全进 等，2018）。在这种转变下，企业不仅有动力去“迎合”政府官员的政绩需要，也可能因受到来自政府官员的压力而去更好地履行自然资源资产和环境保护的义务，那么，企业就有充分的理由运用合理避税的方式来弥补其在履行环保责任过程中的经济损失，而政府官员在权衡两方面的政绩考核下也更易容忍企业的税收规避行为，从而也更易发生企业税收规避的问题。因此，领导干部自然资源资产离任审计的实施可能会导致试点地区企业实施更多或更大程度的税收规避行为，产生“容忍效应”。

另一方面，领导干部自然资源资产离任审计对企业税收规避的影响也可能体现为“监督效应”，我们从离任审计下政府会加强对企业的税收征管强度、政治成本假说以及外部性理论三个方面分别加以论证。

首先，领导干部自然资源资产离任审计的目标在于促进领导干部对生态文明建设的责任，推动生态环境损害责任终身追究制，体现为官员即使已经离职，也要对其任职期间辖区内的自然资源资产管理与生态环境保护承担责任，这显然有助于减少政府官员的“短视”行为，促使官员在考虑地方经济增长的同时，不得不考虑任期内的地区自然资源资产的保护和环境污染治理问题，以积极提高地区“绿色 GDP”，并对企业的浪费自然资源资产、破坏环境等违法违规行为加大监督和处罚力度，这显然会增加企业环境污染和浪费资源的成本。那么，领导干部自然资源资产离任审计一旦实施，企业之前存在的“重污染”“高消耗”等项目将会关停，导致地区经济增长目标难以实现，政府官员就需要依赖于税收支撑财政收入并减少地方财政收入预决算的偏离，导致试点地区政府可能会加强对资源型和污染型企业的检查力度，包括加强税收征管力度和对避税行为的处罚强度，在这种情况下，企业进行激进的避税行为则会面临较高的处罚风险和声誉损失风险，因此，在领导干部自然资源资产离任审计制度下，企业可能会降低其避税动机。曹越等（2017）的研究发现，随着政府环境规制的加强，企业避税动机有所下降。

其次，根据瓦茨和齐默尔曼（Watts and Zimmerman，1978）的政治成本假说，在其他条件相同的情况下，企业政治成本越高，越可能选择将现在的盈余递延到将来的会计政策，以避免因高额利润受到管制。在实施领导干部自然资源资产离任审计后，相关企业浪费自然资源资产和破坏生态环境的行为将更易引起政府的关注，即政治成本会提高，政府也更可能介入企业并干预企业的行为（包括企业的税收规避行为），使得相关企业不得不在通过税收规避“提高业绩”与“增加政治成本”之间进行权衡。因此，领导干部自然资源资产离任审计可以给相关企业施加额外的政治成本，企业通常会倾向于“低调”行事，不会过于激进地进行避税。李哲等（2015）研究发现，主力资金进入、退出、换手等事件的冲击会通过提高公司的政治成本，并在事件发生后的一段时期内提高相关企业的税收遵从意愿。根据上述分析，在实施领导干部自然资源资产离任审计地区，相关企业为了保护自身利益，将有可能减少避税行为以尽量减少政府和公众的关注而给公司带来的政治成本。

最后，相关研究发现，环境治理具有明显的外部性特征，即一方受益的同时可能会出现其他方利益受益或损失的情况（胡珺 等，2017）。基于本章的研究背景，我们认为，领导干部自然资源资产离任审计首先会强化领导干部对辖区内企业在自然资源资产和环境保护方面的检查和监督，该过程可能会产生一定的正外部性，因为政府在检查相关企业的资源利用与环境保护情况过程中，可能会接触到企业缴纳税收等方面的情况，这在一定程度上可以约束相关企业的避税行为，即离任审计可能会通过正外部性对相关企业的避税行为产生一定的正向“监督效应”。

综上所述，领导干部自然资源资产离任审计对企业税收规避的影响是“容忍”和“监督”效应两方面综合力量的结果。领导干部自然资源资产离任审计到底会增加还是抑制企业的避税行为有待实证检验。由于资源型和重污染型企业的生产经营涉及自然资源利用，对生态环境造成极大破坏，所以这类企业将首先受到领导干部自然资源资产离任审计这一制度的影响（刘文军和谢帮生，2018），并体现在“税收规避”这一与政府联系最为紧密的行为上。

基于以上分析，本书提出如下竞争性假设：

H7.1a：（容忍效应）在长江经济带范围内，领导干部自然资源资产离任审计试点后，资源型和重污染型上市公司的税收规避程度会提高。

H7.1b：（监督效应）在长江经济带范围内，领导干部自然资源资产离任审计试点后，资源型和重污染型上市公司的税收规避程度会下降。

（2）领导干部自然资源资产离任审计对不同产权性质公司税收规避的影响。

布拉德肖等（Bradshaw et al.，2018）研究发现，产权性质对企业避税动机有着深远影响，体现为国有企业与非国有企业在税收规避动机方面存在差异。一方面，对政府而言，国有企业的利润与上缴的税收本质上没有区别，都是国家财富的一部分，产权的天然联系使得国有企业与政府部门的关系更为紧密，国有企业通常需要协助政府履行部分社会职能，承担相应的社会责任，在纳税行为上也更易受到政府干预的影响（陈冬 等，2016），因此，国有企业通常会被要求上缴更多的税收，以协助政府实现社会职能和经济职能（吴联生，2009），其结果是国有企业通常具有较高的税负水平和较低的避税动机。另一方面，阿姆斯特朗等（Armstrong et al.，2015）认为，对企业而言，避税是一项风险性投资，它在给企业带来收益的同时也会增加企业的经济成本，包括税收筹划成本、诉讼成本以及应付税务部门监管的费用等。然而，通常情况下，非国有企业是否进行避税只需要对比相应的经济收益与经济成本，国有企业避税则需要权衡总收益（包括经济收益、政治晋升机会等）与总成本（包括经济成本、政治成本、潜在的企业声誉以及管理层声誉损失的成本）之间的关系。由于与非国有企业管理层相比，国有企业管理层具有更多的政治晋升需要，对避税风险的容忍程度较低，会更加注重企业和自身声誉的维护，也会避免采用过于激进的避税行为。

由于国有企业的避税动机通常低于非国有企业，那么，如果领导干部自然资源资产离任审计能够对企业的避税行为产生影响，理应在非国有企业中更为明显。因此，我们有理由认为，在其他条件相同的情况下，领导干部自然资源资产离任审计的实施对税收规避的影响在非国有企业中强于国有企业。

基于以上分析，本书提出如下研究假设：

H7.1c：在长江经济带范围内，与资源型和重污染型的国有企业相比，领导干部自然资源资产离任审计对税收规避的影响在资源型和重污染型的非国有企业中更显著。

（3）领导干部自然资源资产离任审计对不同财政压力地区公司税收规避的影响。

政府职能的实现需要财政收入的支持。对政府而言，财政收支平衡是其决策行为的最基本约束条件，而财政压力则是引发公共政策变化和社会变革的重要因素（王佳杰 等，2014）。在领导干部自然资源资产离任审计地区，由于地区经济增长和环境绩效都会影响政府官员职位晋升，当辖区内企业对自然资源资产和生态环境的保护不足而影响新考核方式下官员晋升时，我们可以合理地相信，一个能够实现财政目标的地方政府领导会采用地方财政收入治理环境污染和生态破坏，以提高环境绩效。因此，在面临较小财政压力的地区，政府通常更能容忍企业的避税行为，企业面临的税收征管压力也相对较小，避税程度较高。那么，在地方政府面临较低财政压力的地区进行领导干部自然资源资产离任审计试点，该项制度的实施对辖区内企业避税的治理作用会较为明显。

然而，当政府面临较大财政压力时，地方财政收入可能已无力支撑地区经济增长，那么，政府将不会有充足的财力致力于环境治理，政府官员也更无法保证环境绩效的实现，这将导致政府官员积极地干预企业，致力于保护税基，并更加积极防范和监督企业的避税行为（曹春芳 等，2014），这在一定程度上有利于降低辖区内企业的避税程度。那么，在地方政府面临较大财政压力的地区进行领导干部自然资源资产离任审计试点，该项制度的实施对辖区内企业避税的治理作用可能就会被弱化。

基于以上分析，本书提出如下研究假设：

H7. 1d：在长江经济带范围内，与存在较高财政压力地区的资源型和重污染型公司相比，领导干部自然资源资产离任审计对存在较低财政压力地区的资源型和重污染型企业的税收规避的影响更显著。

7. 4. 1. 2　研究设计

（1）样本筛选与数据来源。

我们选取长江经济带范围内2010年之前在我国A股上市的资源型和重污染行业上市公司在2011—2019年的数据作为研究对象，其中，资源型行业主要包括林业，重污染行业的认定主要依据环保部2008年制定的《上市公司环保核查行业分类管理名录》（环办函〔2008〕373号）、2010年发布的《上市公司环境信息披露指南（征求意见稿）》以及中国证券监督委员会2012年修订的《上市公司行业分类指引》，主要包括煤炭、采矿、纺织、制革、造纸、印刷、石化、制药、化工、冶金、非金属、火电等16个重污染行业。

我们对样本进行了筛选：剔除当年IPO、被ST与＊ST、财务状况异常及相关变量缺失公司相关研究数据缺失的样本，共获得处理组和对照组2011—2019年共9年2 366个观测样本形成的非平衡面板数据。其中，实验组有969个，对照组有1 397个，国有企业样本536个，非国有企业样本1 830个。我们选取2014年试点地区的资源型和重污染型上市公司为处理组，非试点地区的资源型和重污染型公司为对照组，比较这两组公司试点前后两年的税收激进程度。根据各个省份审计厅网站公布的信息和刘文军等（2018）的研究，我们确定了2014年试点的地区包括山东省（青岛市、烟台市）、湖北省（黄冈市、武汉市江夏区）、内蒙古自治区（鄂尔多斯市、赤峰市）、湖南省（娄底市2015）、贵州省（赤水市、荔波县）、江苏省（连云港市）、广西壮族自治区、福建省（福州市、武夷山市）、陕西省（西安市）以及四川省（绵阳市），其中，湖北省、湖南省、贵州省、江苏省以及四川省属于长江经济带范围内。本章的财务数据以及公司治理数据来自CSMAR数据库，各地区预算内财政收入和预算内财政支出（据此构建财政压力变量）数据通过手动收集各地区《统计年鉴》或《国民经济与社会发展公报》获得。为减少极端值对回归结果的影响，我们在1%和99%分位上对主要连续变量进行了winsorize处理。所有回归模型的标准误均在公司层面进行Cluster处理，数据处理全部通过stata16.1完成。

（2）模型构建。

本章研究的关键变量是企业税收规避和领导干部自然资源资产离任审计的替代变量。其中，税收规避是被解释变量，领导干部自然资源资产离任审计是解释变量，产权性质和财政压力是调节变量。同时，为了检验本章提出的研究假设，我们还对影响企业税收规避的其他公司特征因素加以控制。具体模型如下：

I. 采用模型（1）表示的双重差分模型（DID）来检验H7.1a和H7.1b：

$$TA = \beta_0 + \beta_1 TREAT + \beta_2 POST + \beta_3 TREAT \times POST + \beta_4 Controls + \beta_5 IND + \beta_6 YEAR + \varepsilon_{i,t} \tag{7.1}$$

模型（1）中，TA为企业税收规避强度变量。避税的衡量指标一般分为两类，一类是企业的实际所得税率（ETR）及其变体，另一类则是企业的会计-税收差异及其变体。曼松和普列斯科（Manzon and Plesko，2002）提出使用会计-税收差异（book-tax differences，BTD）来衡量避税程度。会计税收差异（BTD）指的是企业会计利润与应税利润之间的差异，BTD数值越大，公司的避税程度越高。其计算公式为：BTD=（利润总额-应纳税所得额）/上一年末总资产，其中应纳税所得额=（所得税费用-递延所得税费用）/名义税率。本章采用BTD作为企业税收规避的代理变量，在稳健性检验中采用ETR作为税收规避的代理变量进行检验。

TREAT为虚拟变量，若公司所在地为领导干部自然资源资产离任审计试点地区，则TREAT取1，否则取0。POST为虚拟变量，试点之后取1，试点之前取0。我们预计，以BTD为被解释变量时，若TREAT×POST的系数显著为正，则表明相对于对照组，处理组在试点后的税收规避程度有所提高，H7.1a（容忍效应）成立；相反，若TREAT×POST的系数显著为负，则表明相对于对照组，处理组在试点后的税收规避程度有所降低，H7.1b（监督效应）成立。

Controls表示影响企业避税的一系列控制变量。借鉴Dyreng and Lindsey（2009）、吴联生和李辰（2007）、吴联生（2009）和陈冬等（2016）的相关研究，控制变量包括：公司规模（SIZE），以公司年末总资产的自然对数度量；公司资产负债率（LEV），以公司总负债除以总资产度量；公司业绩（ROA），以公司总资产净利率度量；亏损状况（LOSS），虚拟变量，当公司上一年度净利润为负时取值为1，为正时取值为0；第一大股东持股比例（TOP1，第一大股东持股数/总股数)；公司成长性（GROWTH），以公司营业收入增长率度量；公司现金流量（CFO），以公司经营活动现金流净额除以年初总资产度量；资本密集度（PPE），以固定资产净值与总资产之比表示；无形资产密集度（INTA），以无形资产净值与总资产之比表示。此外，我们控制了行业（IND）和年度（YEAR）固定效应。

Ⅱ. 在模型（7.1）的基础上，引入交乘项的模型（7.2）和模型（7.3）分别检验 H7.1c 和 H7.1d：

$$TA=\beta_0+\beta_1 TREAT+\beta_2 POST+\beta_3 TREAT\times POST+\beta_4 SOE+\beta_5 TREAT\times SOE+\beta_6 POST\times SOE+\beta_7 TREAT\times POST\times SOE+\beta_8 Controls+\beta_9 IND+\beta_{10} YEAR+\varepsilon_{i,t} \quad (7.2)$$

$$TA=\beta_0+\beta_1 TREAT+\beta_2 POST+\beta_3 TREAT\times POST+\beta_4 Pressure+\beta_5 TREAT\times Pressure+\beta_6 POST\times Pressure+\beta_7 TREAT\times POST\times Pressure+\beta_8 Controls+\beta_9 IND+\beta_{10} YEAR+\varepsilon_{i,t} \quad (7.3)$$

其中，公司产权性质（SOE）和财政压力（Pressure）为两个虚拟变量。SOE对于国有企业取值为1，否则取0。参照宋艳伟（2011）等研究，财政压力用财政赤字即“（预算内财政支出-预算内财政收入）/预算内财政收入”度量，该比值越高，政府面临的财政压力越大，财政支出大于或等于财政收入，地方财政入不敷出，财政压力较大，需要上级财政的大量补贴，相应地，地方政府就会压减或削减公共物品的供给或者质量水平；后者财政支出小于财政收入，与财政支出相比，财政收入较多，财政压力较小，相应地，地方政府往往会扩大基本公共服务的供给。进一步，我们将当年的年度地方财政赤字大于中位数的为高财政压力组，Pressure 取值为 1，否则为低财政压力组，Pressure 取值为 0，据此构建地区财政压力的虚拟变量，各地区预算内财政收入和财政支出数据来源于历年《中国统计年鉴》。据此构建 SOE、Pressure 分别与 TREAT、POST 以及 TREAT×POST 的交乘项，预计以 BTD（ETR1、ETR2）为被解释变量时，若 H2 和 H3 分别成立，则 TREAT×POST×SOE 和 TREAT×POST×Pressure 的回归系数均显著。

此外，我们也用模型（7.1）对国有企业和非国有企业、高财政压力地区和低财政压力地区公司进行分组检验。根据前文分析，我们预计，以 BTD 为被解释变量，若 H7.1b 成立，则 TREAT×POST 的系数在国有企业组可能不显著，但在非国有企业组显著，或在国有企业组显著但系数的绝对值小于非国有企业组；若 H7.1d 成立，则 TREAT×POST 的系数在高财政压力组不显著，在低财政压力组显著，或在高财政压力组显著但系数绝对值小于低财政压力组。

(2) 变量定义。

表 7.1 为本章涉及的主要变量定义。

表 7.1　主要变量定义

变量类型	变量名称	变量符号	变量定义
被解释变量	会计-税收差异	BTD	BTD=(利润总额-应纳税所得额)/上一年末总资产，其中应纳税所得额=(所得税费用-递延所得税费用)/名义税率
	企业的实际所得税率$_1$	ETR1	ETR1=所得税费用/税前会计利润(或账面利润、息税前利润)
	企业的实际所得税率$_2$	ETR2	ETR2 =(所得税费用-递延所得税费用)/税前会计利润(或账面利润、息税前利润)
解释变量	资源环境审计试点省市	TREAT	虚拟变量。有实施资源环境审计试点的省份为 1，否则为 0
	资源环境审计试点后的年度	POST	虚拟变量。资源环境审计试点后的年度为 1，否则为 0
	虚拟变量交乘项	TREAT×POST	虚拟变量 TREAT 与 POST 交乘项
调节变量	产权性质	SOE	虚拟变量。国有企业为 1，非国有企业为 0
	财政压力	Pressure	虚拟变量。将当年度地方财政赤字大于中位数的为高财政压力组，Pressure 取值为 1，否则为低财政压力组，Pressure 取值为 0
控制变量	公司规模	SIZE	年末总资产的自然对数
	资产负债率	LEV	公司总负债除以总资产
	公司业绩	ROA	公司总资产净利率
	亏损状况	LOSS	虚拟变量。当公司上一年度净利润为负时取值为 1，否则为 0
	第一大股东持股比例	TOP1	第一大股东持股数/总股数
	公司成长性	GROWTH	公司营业收入增长率
	现金流量	CFO	公司经营活动现金流净额除以年初总资产
	资本密集度	PPE	固定资产净值与总资产之比
	无形资产密集度	INTA	无形资产净值与总资产之比

7.4.1.3　实证结果与分析

(1) 变量描述性统计。

表 7.2 汇报了主要变量的描述性统计。由表 7.2 可知，ETR1 的均值为 0.186，ETR2 的均值为 0.203，BTD 的均值(-0.009)和中位数(-0.001)

均小于但接近于0，表明样本公司的利润总额低于但接近于应纳税所得额，总体而言，样本公司的避税行为不严重。此外，上市公司第一大股东持股比例（TOP1）的均值为43.4%，说明我国上市公司股权结构中第一大股东的比重偏大，存在一股独大的问题。其余变量的描述性统计与现有文献基本一致。

表7.2 主要变量的描述性统计

变量	样本量	最小值	均值	中位数	最大值	标准差
ETR1	2 366	-0.855	0.186	0.164	1.247	0.254
ETR2	2 366	0.001	0.203	0.178	0.694	0.120
BTD	2 366	-0.323	-0.009	-0.001	0.202	0.055
SIZE	2 366	0.000	0.227	0.000	1.000	0.419
LEV	2 366	19.94	22.37	22.19	26.29	1.259
TOP1	2 366	0.053	0.434	0.426	0.895	0.205
GROWTH	2 366	0.093	0.350	0.333	0.771	0.142
CFO	2 366	-0.530	0.199	0.101	4.003	0.545
PPE	2 366	-0.205	0.0670	0.062	0.355	0.086
INTA	2 366	0.003	0.273	0.258	0.751	0.164

（2）多元回归结果与分析。

表7.3列出了对H7.1a和H7.1b的检验结果（以BTD为被解释变量）。第（1）列和第（2）列分别是没有考虑和有考虑控制变量的全样本回归结果。

从估计结果可知，尽管两列中TREAT的回归系数不显著，但交乘项TREAT×POST的回归系数均在10%的水平上显著为负，表明与未实施领导干部自然资源资产离任审计地区的公司相比，实施领导干部自然资源资产离任审计地区的公司具有相对较低的税收规避程度。

在第（2）列的回归结果中，控制变量方面，公司规模（SIZE）的回归系数在1%的水平上显著为正，表明规模大的企业避税程度更严重，这可能与这类企业经营活动复杂、有更多避税机会有关，这与西格弗里德（Siegfried，1972）的研究结论一致；资产负债率（LEV）的回归系数在5%的水平上显著为负，表明高资产负债率的企业避税活动相对较少，避税程度较低，这与李维安和徐业坤（2013）的结果相同；公司成长性（GROWTH）的回归系数在1%的水平上显著为正，说明成长性高的企业，其避税程度更严重。其余变量的回归系数不显著，模型整体拟合情况较好。因此，表7.3的回归结果证实了

H7.1b，表明领导干部自然资源资产离任审计的实施有助于减少试点地区企业的避税行为，或者说该制度实施对企业避税行为的“监督效应”强于“容忍效应”。

表 7.3　资源环境审计对企业避税的影响

变量	(1)	(2)
	全样本	全样本
TREAT	-0.005 (-1.28)	-0.005 (-1.25)
POST	-0.012*** (-3.95)	-0.015*** (-2.80)
TREAT×POST	-0.008 (-1.54)	-0.009* (-1.76)
SIZE		0.003** (2.47)
LEV		-0.019*** (-2.98)
TOP1		0.007 (0.82)
GROWTH		0.009*** (4.11)
CFO		-0.010 (-0.68)
PPE		-0.007 (-1.00)
INTA		0.023 (0.83)
Constant	-0.000 (-0.18)	-0.053** (-2.31)
Obs	2 366	2 366
Adj R^2	0.007	0.029

注：***、** 和 * 分别表示在 1%、5%和 10%水平上显著，括号内为 t 值。

表 7.4 为产权性质对领导干部自然资源资产离任审计对企业避税关系的调节作用，报告了对 H7.1c 的检验结果（以 BTD 为被解释变量），第（1）列和第（2）列是对国有企业和非国有企业的分组检验结果，第（3）列是对模型增加交乘项 TREAT×POST×SOE 的检验结果。

从估计结果可知，在第（1）列中变量 TREAT 和 POST 的回归系数不显著，在第（2）列和第（3）列中变量 TREAT 和 POST 的回归系数显著。从交乘项 TREAT×POST 的回归系数来看，在第（1）列中交乘项 TREAT×POST 的回归系数在 5%的水平上显著为正，在第（2）列和第（3）列中交乘项 TREAT×POST 的回归系数均在 1%的水平上显著为负，表明与国有企业相比，实施领导干部自然资源资产离任审计对非国有企业避税行为的治理作用更大。同时，在第（3）列中，交乘项 TREAT×POST×SOE 的回归系数为正，且在 1%的水平上显著，表明与非国有企业相比，实施领导干部自然资源资产离任审计会提高试点地区国有企业的避税程度，即企业的国有产权性质会强化"领导干部自然资源资产离任审计"对企业"税收规避"的"容忍效应"，这在一定程度上印证了第（1）列和第（2）列的回归结果。控制变量的回归结果显示，各模型整体拟合程度较高，H7.1c 得以证实。

表 7.4　产权性质对领导干部自然资源资产离任审计对企业避税关系的调节作用

变量	(1)	(2)	(3)
	国有企业	非国有企业	交乘项检验
TREAT	0.003 (0.55)	-0.012** (-2.27)	-0.012** (-2.31)
POST	0.012 (1.57)	-0.037*** (-5.20)	-0.021*** (-3.63)
TREAT×POST	0.017** (2.03)	-0.018*** (-2.98)	-0.018*** (-3.05)
SOE			-0.012** (-2.29)
TREAT×SOE			0.017** (2.05)
POST×SOE			0.033*** (4.19)
TREAT×POST×SOE			0.037*** (3.18)
SIZE	0.002 (1.24)	0.003* (1.95)	0.003** (2.46)
LEV	-0.016 (-1.37)	-0.020** (-2.56)	-0.019*** (-2.97)

表7.4(续)

变量	(1)	(2)	(3)
	国有企业	非国有企业	交乘项检验
TOP1	-0.000 (-0.03)	0.008 (0.84)	0.007 (0.81)
GROWTH	-0.000 (-0.02)	-0.010*** (-4.13)	-0.009*** (-4.10)
CFO	0.064** (2.31)	-0.027* (-1.65)	-0.009 (-0.66)
PPE	-0.004 (-0.32)	-0.010 (-1.13)	-0.008 (-1.10)
INTA	-0.013 (-0.29)	0.040 (1.19)	0.022 (0.79)
Constant	-0.053 (-1.38)	-0.046 (-1.64)	-0.048** (-2.08)
Obs	536	1 830	2 366
Adj R^2	0.047	0.040	0.037

注：***、** 和 * 分别表示在 1%、5%和 10%水平上显著，括号内为 t 值。

表 7.5 为财政压力对领导干部自然资源资产离任审计与企业避税关系的调节作用，报告了以 BTD 为被解释变量对 H3 的检验，第（1）列和第（2）列是对高财政压力和低财政压力的分组检验结果，第（3）列是对模型增加交乘项 TREAT×POST×Pressure 的检验结果。

由表 7.5 的检验结果可知，在第（1）列高财政压力组中，TREAT×POST 的回归系数为正但不显著，表明在地方政府面临较高财政压力的地区，领导干部自然资源资产离任审计对资源型和重污染型企业避税行为的治理作用不显著。而在第（2）列低财政压力组中，TREAT×POST 的回归系数为负，且在 10%的水平上显著，表明在地方政府面临较低财政压力的地区，领导干部自然资源资产离任审计对资源型和重污染型企业避税行为能够产生显著的抑制作用。此外，在第（3）列增加交乘项的检验中，Pressure 的回归系数为负但不显著，表明非试点地区的地方政府是否面临财政压力对于辖区内企业的避税程度不存在显著影响，而交乘项 TREAT×POST×Pressure 的回归系数为正且在 10%的水平上显著，表明当地方政府面临较高的财政压力时，实施领导干部自然资源资产离任审计后，辖区内企业的税收规避程度有所提高，即领导干部自然资源资产离任审计对辖区内企业避税行为的抑制作用会被弱化，这印证了第（1）列和第（2）列中分组检验的回归结果，表明地方政府面临较高财政压力会降低领导干部自然资源资产离任审计对辖区内企业避税行为的监督效应。模型整体拟合情况较好，H7.1c 得以证实。

表 7.5　财政压力对领导干部自然资源资产离任审计与企业避税关系的调节作用

变量	(1)	(2)	(3)
	高财政压力组	低财政压力组	交乘项检验
TREAT	-0.004 (-0.82)	-0.007 (-1.12)	-0.006 (-1.19)
POST	-0.002 (-0.20)	-0.014* (-1.83)	-0.017*** (-2.91)
TREAT×POST	0.004 (0.56)	-0.012* (-1.76)	-0.012* (-1.82)
Pressure			-0.000 (-0.02)
TREAT×Pressure			0.003 (0.35)
POST×Pressure			0.006 (0.88)
TREAT×POST×Pressure			0.018* (1.85)
SIZE	0.001 (0.69)	0.004** (2.47)	0.003** (2.40)
LEV	-0.011 (-1.16)	-0.026*** (-2.85)	-0.020*** (-3.05)
TOP1	0.003 (0.20)	0.010 (0.84)	0.007 (0.82)
GROWTH	-0.008** (-2.35)	-0.009*** (-3.14)	-0.009*** (-4.06)
CFO	0.008 (0.42)	-0.017 (-0.88)	-0.009 (-0.63)
PPE	-0.011 (-1.12)	-0.006 (-0.57)	-0.008 (-1.10)

表7.5(续)

变量	(1)	(2)	(3)
	高财政压力组	低财政压力组	交乘项检验
INTA	0.021 (0.70)	0.005 (0.10)	0.016 (0.56)
Constant	-0.019 (-0.62)	-0.077** (-2.28)	-0.051** (-2.21)
Obs	965	1 401	2 366
Adj R^2	0.044	0.029	0.030

注：***、** 和 * 分别表示在 1%、5%和 10%水平上显著，括号内为 t 值。

7.4.1.4 稳健性检验

对上述实证检验结果，本章进行了如下方面的稳健性检验。

（1）改变税收规避强度变量。

①有效税率法。有效税率又称实际税率，它与名义税率相对，反映的是企业的实际税负水平。有效税率一般采用企业负担的所得税额与税前经济收益之比表示，该指标数值越低，表明企业避税程度越高。关于 ETR 的具体计算有多种方法，本章主要使用两种方法。计算方法一：ETR1=所得税费用/税前会计利润（或账面利润、息税前利润）（郑红霞和韩梅芳，2008；Hanlon and Heitzman，2010）；计算方法二：ETR2 =（所得税费用-递延所得税费用）/税前会计利润（或账面利润、息税前利润）（吴联生和李辰，2007）。我们采用第一种方法进行稳健性检验，检验结果见表 7.6 Panel A。

②改进后的会计-税收差异法。会计-税收差异（BTD）度量公司避税行为时未考虑盈余管理产生的影响（Hanlon and Heitzman，2010），本章同时采用扣除应计利润影响之后的会计-税收差异（DD_BTD）来度量税收规避强度。参照 Desai and Dharmapala（2006）和田高良等（2017），DD_BTD 通过以下模型并采用固定效应残差法来估计：$BTD_{i,t}=TACC_{i,t}+u_i+\varepsilon_{i,t}$，其中，总应计利润（TACC）=（净利润-经营性现金流量净额）/上一年度末资产总额；μ_i为公司 i 在样本期间内残差的平均值，表示公司税负不随时间变化的固定部分；$\varepsilon_{i,t}$为 i 公司 t 年度残差与公司平均残差的偏离度，表示公司税负差异的变动部分。根据 $BTD_{i,t}$的回归结果求得 $DD\_BTD_{i,t}=\mu_i+\varepsilon_{i,t}$，即为扣除应计利润影响之后的会计-税收差异。同样，DD_BTD 越大，企业避税程度越高。采用扣除应计利润影响之后的会计-税收差异（DD_BTD）度量税收规避强度的检验结果见表 7.6 Panel B。

为排除遗漏公司特征的影响，本章采用得分倾向配对方法，给实验组样本 1∶1 配对一个对照组样本，使其在公司规模、资产负债率、总资产收益率等公司特征上尽可能相似。检验结果见表 7.6 Panel C。检验结果表明，排除公司特征影响和选择性偏差后，研究结论仍成立。

（2）安慰剂检验（placebo test）。

试点地区和非试点地区本身特征可能存在差异，本章的研究发现可能受这些遗漏特征所驱动。因此，我们借鉴全进等（2018）的做法，采用安慰剂检验（安慰剂检验是指我们人为地设定实际试点前的某一年为虚拟的试点年度，并检验回归结果是否仍然显著的方法），选取 2010—2013 年作为观察窗口，将 2012 年设置为虚拟试点时间。检验结果见表 7.6 Panel D。

（3）控制向下调整盈余管理的影响。

研究发现，税收规避和盈余管理都属于企业的机会主义行为，且企业可能通过进行向下的盈余管理、调整税基进行税收规避。为排除盈余管理对税收规避的影响，我们进一步在控制了企业向下调整盈余管理（变量定义见尾注）的基础上研究领导干部自然资源资产离任审计对企业税收规避的影响是否仍然存在。检验结果见表 7.6 Panel E。

相关的稳健性检验的回归结果见表 7.6。

首先，从 Panel A 以有效税率（ETR1）为被解释变量并考虑控制变量下的回归结果可知，第（1）列中交乘项 TREAT×POST 的回归系数为正，且在 10%的水平上显著，表明领导干部自然资源资产离任审计试点后，试点地区重污染型和资源型上市公司的实际税率高于非试点地区重污染型和资源型上市公司的实际税率，这印证了表 7.3 的研究发现；第（2）列中交乘项 TREAT×POST×SOE 的回归系数为负，且在 1%的水平上显著，这也印证了表 7.4 的发现，即领导干部自然资源资产离任审计对企业税收规避的抑制效应在资源型和重污染型的国有企业中较弱，在资源型和重污染型的非国有企业中较强。然而，第（3）列中交乘项 TREAT×POST×Pressure 的回归系数为负但不显著，这看似与表 7.5 中的研究发现矛盾，但也可以告诉我们，地方政府加强企业税收征管的主要手段可能是通过打击企业低报利润或偷逃税款，而不是提高企业有效税率。因此，领导干部自然资源资产离任审计试点产生的税收“监督”效应更多地体现为企业提高报告的利润，在有效税率不变的情况下，企业将缴纳更多的税。

其次，从 Panel B 以改进后的会计-税收差异（DD_BTD）为被解释变量的回归结果和 Panel C 以 BTD 为被解释变量并采用倾向得分匹配样本的回归结果可知，交乘项 TREAT×POST、TREAT×POST×SOE、TREAT×POST×Pressure 的回归系数符号与表 7.3~表 7.5 的回归系数类似，仍然支持了前文的研究结论。

再次，从 Panel D 以 BTD 为被解释变量的安慰剂检验结果可知，无论考虑企业产权性质还是地方财政压力的调节效应，交乘项 TREAT×POST、TREAT×POST×SOE、TREAT×POST×Pressure 的回归系数均不显著，说明文章结论并不是由遗漏的地区特征造成。

最后，从 Panel E 以 BTD 为被解释变量的控制盈余管理影响的结果可知，NegDA 在各列的回归系数均为正且至少在 5%的水平上显著，表明我国资源型和重污染型企业的确会采用向下调整盈余的方式进行税收规避。同时，第（1）列中交乘项 TREAT×POST 的回归系数为负，第（2）列中的交乘项 TREAT×POST×SOE 的回归系数为正，第（3）列中交乘项 TREAT×POST×Pressure 的回归系数也为正，各自在 10 %的水平上显著，分别与表 7.3~表 7.5 的检验结果无明显差异，说明在控制了企业向下调整盈余管理对税收规避的影响后，领导干部自然资源资产离任审计对税收规避的影响仍然显著，原有结论仍然成立。

在实施上述稳健性检验后，原有结论维持不变。

表 7.6 稳健性检验的回归结果

Panel A：以有效税率（ETR1）为被解释变量

变量	(1)	(2)	(3)
TREAT	-0.026 (-1.08)	-0.022 (-1.18)	-0.059** (-2.39)
POST	0.011 (0.40)	-0.008 (-0.33)	-0.005 (-0.17)
TREAT×POST	0.035* (1.91)	0.027 (1.21)	0.060** (2.00)
SOE		0.006 (0.62)	
TREAT×SOE		0.014 (0.38)	
POST×SOE		0.016 (0.45)	
TREAT×POST×SOE		-0.092*** (-2.71)	
Pressure			-0.003 (-0.12)
TREAT×Pressure			0.074** (1.98)
POST×Pressure			-0.008 (-0.25)
TREAT×POST×Pressure			-0.062 (-1.35)
控制变量	控制	控制	控制
Obs	2 366	2 366	2 366
Adj R^2	0.014	0.019	0.017

表7.6(续)

Panel B：以改进后的会计-税收差异（DD_BTD）为被解释变量

变量	(1)	(2)	(3)
TREAT	-0.005（-1.24）	-0.012**（-2.29）	-0.004（-0.41）
POST	-0.014***（-2.62）	-0.020***（-3.45）	-0.010***（-3.60）
TREAT×POST	-0.009*（-1.76）	0.018***（3.04）	-0.004（-0.30）
SOE		-0.012**（-2.23）	
TREAT×SOE		0.016**（2.04）	
POST×SOE		0.033***（4.22）	
TREAT×POST×SOE		0.037***（3.20）	
Pressure			0.003（0.71）
TREAT×Pressure			0.009（0.60）
POST×Pressure			-0.009（-1.54）
TREAT×POST×Pressure			0.038*（1.73）
控制变量	控制	控制	控制
Obs	2 366	2 366	2 366
Adj R^2	0.031	0.039	0.032

Panel C：倾向得分配对样本检验

变量	(1)	(2)	(3)
TREAT	-0.003（-0.26）	-0.005（-0.61）	-0.006（-0.47）
POST	-0.011（-1.37）	-0.010（-1.17）	-0.008（-0.94）
TREAT×POST	-0.066***（-2.67）	-0.012（-0.90）	0.009（0.72）
SOE		-0.020（-1.30）	
TREAT×SOE		0.017（0.88）	
POST×SOE		0.010（0.52）	
TREAT×POST×SOE		0.034*（1.87）	
Pressure			0.005（0.43）
TREAT×Pressure			0.007（0.43）
POST×Pressure			-0.008（-0.44）

表7.6(续)

变量	(1)	(2)	(3)
TREAT×POST×Pressure			0.040** (2.19)
控制变量	控制	控制	控制
Obs	940	940	940
Adj R^2			

Panel D：安慰剂检验

变量	(1)	(2)	(3)
TREAT	-0.006 (-0.98)	-0.011 (-1.33)	-0.011 (-1.44)
POST	-0.003 (-1.55)	-0.001 (-0.19)	-0.001 (-0.25)
TREAT×POST	0.007 (0.77)	0.012 (0.96)	0.004 (0.39)
SOE		0.000 (0.11)	
TREAT×SOE		0.013 (1.08)	
POST×SOE		-0.002 (-0.50)	
TREAT×POST×SOE		-0.013 (-0.75)	
Pressure			0.003 (0.93)
TREAT×Pressure			0.019 (1.38)
POST×Pressure			-0.006 (-1.18)
TREAT×POST×Pressure			0.002 (0.12)
控制变量	控制	控制	控制
Obs	2 366	2 366	2 366
Adj R^2	0.03	0.04	0.02

Panel E：控制向下调整盈余管理的影响

变量	(1)	(2)	(3)
NegDA	0.056*** (3.11)	0.035** (2.20)	0.055*** (3.01)
TREAT	-0.001 (-0.27)	0.000 (0.03)	-0.004 (-0.69)
POST	-0.001 (-0.61)	0.001 (0.32)	-0.001 (-0.41)
TREAT×POST	-0.013* (-1.79)	-0.023** (-2.44)	-0.004 (-0.46)

表7.6(续)

变量	(1)	(2)	(3)
SOE		0.000 (0.05)	
TREAT×SOE		-0.003 (-0.34)	
POST×SOE		0.002 (0.74)	
TREAT×POST×SOE		0.024* (1.72)	
Pressure			0.001 (0.28)
TREAT×Pressure			0.008 (0.76)
POST×Pressure			-0.001 (-0.37)
TREAT×POST×Pressure			0.025* (1.67)
控制变量	控制	控制	控制
Obs	2 366	2 366	2 366
Adj R^2	0.02	0.01	0.02

注：***、**、*分别表示在1%、5%和10%的水平上显著。

7.4.1.5 研究结论与启示

(1) 研究结论。

近年来，我国企业的避税问题日益严重，然而我们对于政府官员晋升机制或考核方式转变对企业避税行为的影响知之甚少，领导干部自然资源资产离任审计为我们理解二者之间的关系提供了重要的途径。本章基于双重差分模型，以我国2014年领导干部自然资源资产离任审计为自然实验事件，系统考察了领导干部自然资源资产离任审计与企业税收规避之间的关系，同时考察了企业产权性质和地方政府财政压力对二者关系的调节作用。研究发现，领导干部自然资源资产离任审计的实施显著抑制了资源型和重污染型企业的避税行为，且这种效应在非国有企业和地方政府面临较低财政压力的情形下更为明显，一系列稳健性检验的结果支持了本章的研究结论。这一定程度上反映了领导干部自然资源资产离任审计制度的实施会产生显著的"监督"效应，强化辖区内企业的环境保护和税收责任意识，减少税收规避。

(2) 启示。

根据上述研究结论，我们得到如下启示：①关注资源型和重污染型企业的税收规避问题以及尚未实施领导干部自然资源资产离任审计地区的生态环境与自然资源资产保护问题，加快实施领导干部自然资源资产离任审计，扩大试点范围，以保护税收和促进经济发展的同时，加快生态文明建设、保护生态和环境；②制订科学的评价指标或体系，并对领导干部自然资源资产离任审计的试点效果进行评价，特别需要关注地方政府面临较大财政压力的地区的试点效果。本章的研究发现不仅为领导干部自然资源资产离任审计的试点效果提供了经验证据，也为政府税收部门制订相应的政策提供了合理的建议。

7.4.2 资源环境审计影响企业技术创新的实证分析

提高企业的创新能力，是建设创新型国家的重要组成部分，也是维持经济平稳增长的关键。长江经济带作为覆盖我国西部、中部和东部的11个省市的经济带，其创新驱动发展战略实施正不断深入，各省市研发投入也在持续增加。

7.4.2.1 理论分析与研究假设

现有文献研究了外部审计对企业技术创新的影响，提出外部审计能够显著正向影响企业技术创新，其具体的作用机制是外部审计通过软化融资约束促进企业开发产品或流程改善型的新技术、推出新的质量控制程序和增加产品新特色，同时，外部审计也通过降低代理成本促进企业开展提升生产柔性的创新活动（王文娜 等，2020）。然而，现有文献主要研究的是注册会计师开展的外部审计，没有研究政府作为审计主体的资源环境审计对企业技术创新的影响。政府主导实施的资源环境审计与注册会计师开展的外部审计之间的主要不同之处在于，政府作为技术创新战略的组织者和承担者，可以根据审计结果对被审计单位破坏环境的机会主义行为实施相应的处罚措施，使得资源环境审计影响企业技术创新的机制和路径可能不同。

随着资源环境审计的开展，企业如果对生态环境造成污染和破坏则将不仅受到环保部门的监管和处罚，也将面临来自政府审计部门的新增压力，这意味着企业的环境违规成本将会有所提高。在这种情况下，“理性”的企业将意识到，在环境保护和治理工作方面的低投入会导致严重的后果，因此，企业将会趋向于通过研发创新投入来提高其环境治理能力，防范环境风险的发生。同时，政府作为环境治理的主导者和提倡者，可以通过实施环保政策激励企业通过技术创新实施环境治理，具体包括“产品激励效应”和“过程激励效应”。

根据以上分析，本书提出资源环境审计影响企业技术创新行为的第一个研究假设：

H7.2a：（激励效应）在长江经济带范围内和其他条件不变的情况下，实施资源环境审计有利于促进企业进行技术创新。

诚然，实施自然资源环境审计可以倒逼企业加大对环保设施的投入，从而有利于促进企业开展技术创新。但同时，企业对环保设施的投资也显然会挤占企业正常的生产性投资，该挤出效应不利于企业竞争力的提升。那么，对于投资能力有限的企业，实施资源环境审计可能会抑制其开展技术创新的动力，即产生挤出效应。

根据以上分析，本书提出资源环境审计影响企业技术创新行为的第二个研究假设：

H7.2b：（挤出效应）在长江经济带范围内和其他条件不变的情况下，实施资源环境审计不利于促使企业进行技术创新。

我国不同地区在经济发展水平、产业结构特征和相关环境规制政策等方面存在较大差异。一些学者在探讨环境规制对技术创新的影响时，对区域差异进行了分析。毛建辉（2019）采用 2004—2015 年的中国省级面板数据，考察了政府行为、环境规制与区域技术创新的关系，发现环境规制强度增加能够促进区域技术创新能力提升，但这仅限于东部地区，而中、西部地区尚未形成这种正向促进作用，即环境规制对于企业技术创新的影响存在区域异质性。另一些学者的研究也得到类似的结论，即较发达东部地区的情况支持“波特假说”，而较落后的中、西部地区则不支持“波特假说”（于鹏 等，2020）。那么，资源环境审计作为一类地方政府实施的环境规制行为，对不同区域企业技术创新的影响也可能存在差异。

根据以上分析，本书提出资源环境审计影响企业技术创新行为的第三个研究假设：

H7.2c：在长江经济带范围内和其他条件不变的情况下，实施资源环境审计会对于不同区域企业的技术创新会产生不同程度的影响。具体而言，实施资源环境审计对东部地区企业创新的影响最大，对中、西部地区企业创新的影响较弱。

7.4.2.2 研究设计

(1) 样本筛选与数据来源。

我们选取 2010 年之前在我国 A 股上市的资源型和重污染行业作为研究对象，其中，资源型行业主要包括林业，重污染行业的认定主要依据环保部 2008 年制定的《上市公司环保核查行业分类管理名录（环办函〔2008〕373 号）》、2010 年发布的《上市公司环境信息披露指南》（征求意见稿）以及中国证券监督委员会 2012 年修订的《上市公司行业分类指引》，主要包括煤炭、采矿、纺织、制革、造纸、印刷、石化、制药、化工、冶金、非金属、火电等 16 个重污染行业。

我们对样本进行了筛选：剔除当年 IPO、被 ST 与 * ST、财务状况异常及相关变量缺失公司相关研究数据缺失的样本，共获得处理组和对照组 2011—2019 年共 4 年 3 621 个观测样本形成的非平衡面板数据，其中，实验组有 1 464 个，对照组有 2 157 个，国有企业样本 514 个，非国有企业样本 3 080 个。我们选取 2014 年试点地区的资源型和重污染型上市公司为处理组，非试点地区的资源型和重污染型公司为对照组，比较这两组公司试点前后两年的税收激进程度。根据各个省份审计厅网站公布的信息和刘文军等（2018），我们确定了 2014 年试点的地区包括山东省（青岛市、烟台市）、湖北省（黄冈市、武汉市江夏区）、内蒙古自治区（鄂尔多斯市、赤峰市）、湖南省（娄底市 2015）、贵州省（赤水市、荔波县）、江苏省（连云港市）、广西壮族自治区、福建省（福州市、武夷山市）、陕西省（西安市）以及四川省（绵阳市），其中，湖北、湖南、贵州、江苏以及四川属于长江经济带范围内。企业技术创新数据以及公司治理数据来自 CSMAR 数据库。为减少极端值对回归结果的影响，我们在 1%和 99%分位上对主要连续变量进行了 winsorize 处理。所有回归模型的标准误均在公司层面进行 Cluster 处理，数据处理全部通过 stata16. 1 完成。

（2）模型构建与变量定义。

被解释变量：企业技术创新。采用上市公司专利授权数据取对数度量，具体包括发明专利（LnPAT1）、实用新型专利（LnPAT2）和外观设计专利（LnPAT3），这些变量对于没有专利授权的上市公司赋值为 0。

解释变量：资源环境审计（TREAT）。2014 年实施了资源环境审计（以领导干部自然资源资产离任审计作为代理变量）的地区赋值为 1，即如果样本属于长江经济带范围内的湖北省、湖南省、贵州省、江苏省以及四川省，则 TREAT 赋值为 1，否则，样本属于长江经济带范围内的其他省市，TREAT 赋值为 0。

控制变量：包括影响企业技术创新的一系列因素。参考以往的文献，我们选择资产规模（Size）、资产负债率（Lev）、营业收入增长率（Growth）、股权集中度（Top1）、产权性质（SOE）和上市年龄（Age）等变量作为控制变量，同时考虑了年度的影响。鉴于资源环境审计对企业技术创新的影响可能存在时滞问题，我们将解释变量和控制变量均做滞后一期处理。

主要变量定义见表 7.7。

表 7.7　主要变量定义

变量类型	变量名称	变量符号	变量定义
被解释变量	专利数量	LnPAT	（发明专利数量+实用新型专利数量+外观设计专利数量）的自然对数
	发明专利数量	LnPAT1	发明专利数量的自然对数
	实用新型专利数量	LnPAT2	实用新型专利数量的自然对数
	外观设计专利数量	LnPAT3	外观设计专利数量的自然对数
解释变量	资源环境审计	TREAT	实施领导干部自然资源资产离任审计试点的虚拟变量。某省市 2014 年若实施了领导干部自然资源资产离任审计试点，则 TREAT 赋值为 1，否则为 0
	资源环境审计试点后的年度	POST	虚拟变量。资源环境审计试点后的年度为 1，否则为 0
	虚拟变量交乘项	TREAT×POST	虚拟变量 TREAT 与 POST 交乘项
控制变量	资产规模	Size	年末资产总额取对数
	资产负债率	Lev	为负债总额占年末资产总额的比重
	营业收入增长率	Growth	由企业当年度营业收入的增长率来衡量
	股权集中度	Top1	第一大股东的持股比例
	产权性质	SOE	控股股东性质为国有时，赋值为 1，否则为 0
	上市年龄	Age	上市年限的自然对数
	年度	Year	以某一年为基础变量，设置行业虚拟变量
	行业	Ind	以农业为基础变量，设置行业虚拟变量

7.4.2.3　多元回归结果与分析

（1）样本描述统计。

表 7.8 为主要变量的描述性统计。由表 7.8 可知，PAT 的均值为 5.561，表明平均每家样本公司有 5 项专利授权，PAT1 的均值（2.548）高于 PAT2、PAT3 的均值（分别为 2.366 和 1.302），表明样本公司授权的专利类型以发明专利为主。TREAT 的中位数为 1，表明有一半左右的样本公司所在地区 2014 年实施了资源环境审计。其余变量的描述性统计与现有文献基本一致。

表 7.8　主要变量的描述性统计

变量	样本量	最小值	均值	中位数	最大值	标准差
PAT	3 621	1	5. 561	1	488	20. 66
PAT1	3 621	1	2. 548	1	215	7. 430
PAT2	3 621	1	2. 366	1	171	8. 330
PAT3	3 621	1	1. 302	1	114	3. 673
LnPAT	3 621	0. 453	0	6. 190	1. 111	0
LnPAT1	3 621	0. 315	0	5. 371	0. 781	0
LnPAT2	3 621	0. 193	0	5. 142	0. 693	0
LnPAT3	3 621	0. 045	0	4. 736	0. 339	0
TREAT	3 621	0	0. 404	0	1	0. 491
Size	3 621	19. 54	21. 97	21. 83	26. 01	1. 190
Lev	3 621	0. 056	0. 394	0. 375	0. 969	0. 208
Growth	3 621	-0. 597	0. 162	0. 0970	3. 348	0. 423
Top1	3 621	0. 0860	0. 354	0. 343	0. 748	0. 141
SOE	3 621	0. 149	0	1	0. 357	0
Age	3 621	1. 386	2. 814	2. 890	3. 689	0. 337

（2）相关性分析。

表 7.9 为主要变量间的相关系数分析。从表 7.9 可知，TREAT 与 LNPAT、LNPAT1、LNPAT2 和 LNPAT3 的回归系数为正，分别为 0. 051、0. 041、0. 019 和 0. 009，表明资源环境审计与技术创新呈正相关关系，初步支持了假设 H7. 2a，即资源环境审计对上市公司技术创新存在一定的激励效应。

表 7.9　相关系数分析

	LNPAT	LNPAT1	LNPAT2	LNPAT3	TREAT	Size	Lev	Top1	Growth	Soe	Age
LNPAT	1										
LNPAT1	0. 495	1									
LNPAT2	0. 453	0. 487	1								
LNPAT3	0. 321	0. 178	0. 336	1							
TREAT	0. 051	0. 041	0. 019	0. 009	1						
Size	0. 171	0. 076	0. 026	-0. 009	-0. 085	1					

表7.9(续)

	LNPAT	LNPAT1	LNPAT2	LNPAT3	TREAT	Size	Lev	Top1	Growth	Soe	Age
Lev	0.038	-0.028	0.01	-0.018	0.0175	0.428	1				
Top1	-0.022	-0.051	-0.012	-0.014	-0.068	0.195	0.003	1			
Growth	0.001	0.008	-0.007	-0.031	-0.017	0.058	-0.011	0.001	1		
Soe	0.009	-0.049	-0.0237	0.017	-0.011	0.156	0.282	0.082	-0.077	1	
Age	0.037	-0.003	-0.0210	-0.031	-0.029	0.174	0.138	-0.145	-0.041	0.023	1

（3）多元回归结果与分析。

表7.10为资源环境审计与技术创新的多元回归，以验证假设H7.2a和H7.2b。第（1）列到第（4）列的被解释变量分别为LNPAT、LNPAT1、LNPAT2和LNPAT3。从表7.10可知，在各列中，TREAT的回归系数均为正，且分别在10%和1%的水平上显著，表明在长江经济带范围内，与2014年未实施资源环境审计省份内的上市公司相比，2014年实施资源环境审计省份内的上市公司普遍具有相对较高的技术创新水平。从交乘项TREAT×POST的回归系数来看，交乘项TREAT×POST的回归系数仅在第（1）列和第（2）列为正，且均在5%的水平显著，表明整体而言，资源环境审计的实施对于长江经济带范围内上市公司的技术创新能够产生积极的激励效应，且这一效应主要体现为发明专利方面的技术创新，但对于实用新型和外观设计专利授权未产生显著影响，由此表明资源环境审计的实施能够对实质性创新产生显著影响，但对策略性创新不能产生实质性影响（黎文靖和郑曼妮，2016）。

控制变量方面，以第（1）列和第（2）列为例，Size的回归系数在1%的水平上显著为正，表明整体而言，大公司的技术创新水平更高；Lev的回归系数分别在5%和1%的水平上显著为负，表明与低杠杆公司相比，高杠杆公司的技术创新水平相对较低；Top1的回归系数均在1%的水平上显著为负，表明股权集中度高的公司，其技术创新水平也相对较低。此外，SOE和Age的回归系数为负，表明国有企业的技术创新水平低于非国有企业，上市年龄大的公司技术创新水平低于模型拟合度较好，由此支持了H7.2a的研究假设。

表7.10　资源环境审计与技术创新的多元回归

变量	(1)	(2)	(3)	(4)
	LNPAT	LNPAT1	LNPAT2	LNPAT3
TREAT	0.105*	0.108***	0.077**	0.034*
	(1.84)	(2.68)	(2.14)	(1.91)

表7.10(续)

变量	(1)	(2)	(3)	(4)
	LNPAT	LNPAT1	LNPAT2	LNPAT3
POST	−0.030 (−0.44)	−0.010 (−0.19)	−0.032 (−0.72)	−0.015 (−0.72)
TREAT×POST	0.085** (2.29)	0.058** (2.18)	−0.027 (−1.15)	−0.007 (−0.64)
SIZE	0.188*** (10.67)	0.084*** (6.72)	0.021* (1.88)	0.003 (0.51)
LEV	−0.241** (−2.40)	−0.245*** (−3.43)	0.029 (0.46)	−0.039 (−1.27)
TOP1	−0.499*** (−3.71)	−0.436*** (−4.57)	−0.112 (−1.31)	−0.056 (−1.35)
GROWTH	−0.032 (−0.74)	−0.010 (−0.32)	−0.022 (−0.80)	−0.025* (−1.87)
SOE	−0.017 (−0.31)	−0.098*** (−2.58)	−0.059* (−1.75)	0.021 (1.28)
Age	−0.006 (−0.11)	−0.066* (−1.66)	−0.066* (−1.87)	−0.035** (−2.04)
Constant	−3.350*** (−8.92)	−1.057*** (−3.97)	−0.031 (−0.13)	0.122 (1.05)
Obs	3 621	3 621	3 621	3 621
Adj R^2	0.037	0.021	0.005	0.004

注：***、** 和 * 分别表示在 1%、5%和 10%水平上显著，括号内为 t 值。

表 7.11 为资源环境审计与技术创新的分区域多元回归结果，被解释变量是 LNPAT，以验证假设 H7.2c。第（1）~（3）列分别是长江经济带范围内东部、中部和西部地区的回归结果。从表 7.10 可知，交乘项 TREAT×POST 的回归系数仅在第（1）列为正，且在 10%的水平显著，在第（2）列和第（3）列为负但不显著，表明在其他条件不变的情况下，实施资源环境审计会对不同区域企业的技术创新产生不同程度的影响，即实施资源环境审计对东部地区企业创新的激励效应最大，对中西部地区企业创新的影响较弱，从而验证了假设 H7.2c。

表 7.11 资源环境审计与技术创新的多元回归：分区域检验

变量	被解释变量：INPAT		
	(1)	(2)	(3)
	东部	中部	西部
TREAT	0.080	-0.040	0.064
	(0.89)	(-0.22)	(0.32)
POST	0.099	0.376*	-0.047
	(1.50)	(1.94)	(-0.34)
TREAT×POST	0.180*	-0.197	-0.040
	(1.71)	(-0.93)	(-0.17)
SIZE	0.182***	0.155***	0.236***
	(8.29)	(3.93)	(4.72)
LEV	-0.145	-0.380*	0.036
	(-1.12)	(-1.86)	(0.13)
TOP1	-0.728***	-0.273	0.534
	(-4.46)	(-0.80)	(1.55)
GROWTH	-0.019	0.046	-0.173*
	(-0.33)	(0.53)	(-1.84)
SOE	0.133*	-0.027	-0.179
	(1.68)	(-0.25)	(-1.41)
Age	0.012	-0.199	0.026
	(0.16)	(-1.33)	(0.15)
Constant	-3.302***	-2.306***	-5.028***
	(-6.97)	(-2.72)	(-4.61)
Obs	3 621	3 621	3 621
Adj R^2	0.037	0.021	0.005

注：***、** 和 * 分别表示在 1%、5%和 10%水平上显著，括号内为 t 值。

7.4.2.4 研究结论与启示

(1) 研究结论。

近年来，我国企业技术创新日益受到党和国家的重视，然而我们对于政府审计（特别是资源环境审计）对企业技术创新行为的影响知之甚少，领导干部自然资源资产离任审计为我们理解二者之间的关系提供了重要的途径。本部分基于双重差分模型，以我国 2014 年领导干部自然资源资产离任审计为自然实验事件，系统考察了领导干部自然资源资产离任审计与长江经济带范围内上市公司技术创新之间的关系，同时考察了二者关系在不同区域的差异。研究发现，领导干部自然资源资产离任审计的实施可以显著激励资源型和重污染行业公司的技术创新行为，且这种效应主要体现为对实质型创新（发明专利创新）的激励，在东部地区这种效应更为明显。这在一定程度上反映了领导干部自然资源资产离任审计的实施会产生显著的“激励”效应，强化辖区内企业的创新意识，从而提高专利授权数量。

（2）启示。

根据上述研究结论，我们得到如下启示：①关注资源型和重污染型企业的技术创新问题以及尚未实施领导干部自然资源资产离任审计地区的技术创新问题，加快实施领导干部自然资源资产离任审计，扩大试点范围，以促进相关企业的技术创新；②制订科学的评价指标或体系，并对领导干部自然资源资产离任审计的试点效果进行评价，特别需要关注东部、中部和西部地区的试点效果。本部分的研究发现不仅为领导干部自然资源资产离任审计的试点效果提供了经验证据，也为相关部门制定相应的鼓励技术创新政策提供了合理的建议。

7.5 本章小结

本章以长江经济带 11 省市 2011—2019 年数据为样本，研究了资源环境审计对企业行为的影响，具体研究了资源环境审计对企业税收规避和技术创新的影响。

研究发现：①资源环境审计的实施显著抑制了资源型和重污染行业公司的避税行为，且这种效应在非国有企业和地方政府面临较低财政压力的情形下更为明显；②资源环境审计的实施可以显著激励资源型和重污染行业公司的技术创新行为，且这种效应主要体现为对实质型创新（发明专利创新）的激励，在东部地区这种效应更为明显。

8 政策建议与研究展望

8.1 政策建议

本书基于长江经济带研究了资源环境审计的经济效果，并将领导干部自然资源资产离任审计作为资源环境审计的代表，主要研究资源环境审计对环境效率、地区经济增长、行业技术效率以及企业行为（税收规避和技术创新）的影响。

根据研究结论，本书提出如下政策建议：

（1）完善资源环境审计的综合评价体系。本书以领导干部自然资源资产离任审计为例，研究了资源环境审计的经济效果，尚未直接研究资源环境审计的评价体系。但是从本书的研究可知，资源环境审计的经济效果具有多样性，反映出我们在构建和完善资源环境审计的评价体系时也应当更加多元和具体。

（2）明确中央和地方政府在资源环境保护方面的责任。建立长江经济带生态环境风险联防联控机制，优化长江经济带产业布局，严格环境准入，建立生态环境风险预警和应急机制。

（3）完善跨部门、跨地区的利益协调机制。本书的研究发现，资源环境审计对于长江经济带范围内各省市的环境警醒、经济增长、行业技术效率、企业税收规避以及企业技术创新的影响存在差异，由此亟须完善跨部门、跨地区的利益协调机制，并构建长江经济带跨省域的生态补偿机制，以更好地保护长江流域的生态环境。

（4）注册会计师进入资源环境审计领域的建议。关于注册会计师如何进入环境审计业务领域或如何在环境审计中发挥更大作用方面，迪克森等（2004）认为，阻碍财务审计师在环境审计中发挥更大作用的因素是审计师自身的素质以及公司对环境报告缺乏需求。他们进而提出，财务审计师要想在环境审计中发挥作用，就必须改革会计教育，职业界应当就环境会计与报告以及环境报告的鉴证发布相关的指南。穆尔和彼德等也认为，现实中注册会计师不愿意从事环境审计业务在很大程度上是由于缺少环境审计的公认准则。池昂和莱特博迪（Chiang and Lightbody，2004）则认为，会计师可以利用其专业技能来推进审计理论与方法方面的培训。

8.2 研究不足与展望

8.2.1 研究不足

在本书的研究中，我们采用领导干部自然资源资产离任审计作为资源环境审计的代表，并考察了该审计制度对地区经济增长、行业技术创新、企业行为的影响，对其影响机制和作用路径进行了较为全面、深入的实证分析。但本书的研究还存在下列不足：

（1）变量度量方面：采用领导干部自然自然资产离任审计作为资源环境审计的代表具有一定的局限性。曾昌礼和李江涛（2008）在判断地级市是否经过政府环境审计时，采用文本分析法从《中国审计年鉴》披露的各地级市中查询具体的审计情况，并采用了如下的判断方法：如果某地级市审计局当年实施过包括“环保”“水污染治理”“大气污染治理”以及“河道污染治理”等方面的审计，就会认为该地级市当年实施过环境保护相关的审计，TREAT赋值为1，否则为0。因此，与该类文献的研究相比，我们的研究还稍显粗糙。

（2）对资源环境审计经济效果的研究方面：本书选择了地区、行业和企业三个维度对资源环境审计经济效果进行了研究，但我们的研究视角还不够全面。

（3）资源环境审计仅仅是政府环境管制的一个方面，资源环境审计经济效果的研究可能会受到政府其他环境监管制度或监管行为的影响，如中央环保督察、环保立法、环境税收等，我们在本书的研究中尚未考虑这些因素对资源环境审计经济效果研究的影响。

（4）本书在研究不同章节问题的过程中，由于所获取数据的可得性存在差异，采用了不通过年度区间的数据进行相应章节的研究。

8.2.2 研究展望

（1）将资源环境审计与其他政府环境监管（如中央环保督察、环保执法约谈、环保立法、环境税）等制度结起来，研究这些不同的环境管制工具在促进地区经济增长、区域技术创新和引导企业行为方面应如何更好地发挥协同治理作用。

（2）本书以领导干部自然资源资产离任审计为代表，研究了资源环境审计对区域、行业和企业三个层次产生的经济效果，然而，上述经济效果的产生可能并不仅仅来源于资源环境审计的实施，未来仍需要对上述经济效果展开系统的研究。

参考文献

主要的中文参考文献

[1] 蔡春，陈晓媛. 环境审计论［M］. 北京：中国时代经济出版社，2006.

[2] 蔡春，毕铭悦. 关于自然资源资产离任审计的理论思考［J］. 审计研究，2014（5）：3-9.

[3] 蔡春，谢柳芳，王彪华. 经济责任审计与地方政府治理：以环境污染为视角［J］. 厦门大学学报（哲学社会科学版），2020（2）：91-104.

[4] 蔡春，郑开放，陈晔，等. 政府环境审计对企业环境责任信息披露的影响研究：基于“三河三湖”环境审计的经验证据［J］. 审计研究，2019（6）：3-12.

[5] 陈淑芳，李青. 关于环境审计几个问题的探讨［J］. 当代财经，1998（9）：57-59.

[6] 陈诗一. 中国工业分行业统计数据估算：1980—2008［J］. 经济学（季刊），2011（3）：735-776.

[7] 陈璇，钱薇雯. 环境规制与行业异质性对制造业企业技术创新的影响：基于我国沿海与内陆地区的比较［J］. 科技管理研究，2019（1）：111-117.

[8] 成琼文，许正，洪波，等. 环境规制对氧化铝行业技术创新的影响：基于企业规模差异的实证分析［J］. 系统工程，2014，32（1）：146-151.

[9] 单春霞，仲伟周，耿紫珍，等. 环境规制、行业异质性对工业行业技术创新的影响研究［J］. 经济问题，2019（12）：60-67.

[10] 邓峰. 基于不完全执行污染排放管制的企业与政府博弈分析［J］. 预测，2008（1）：67-71.

[11] 傅强，马青，Sodnomdargia，等. 地方政府竞争与环境规制：基于区域开放的异质性研究［J］. 中国人口·资源与环境，2016，26（3）：69-75.

[12] 高丽霞，郑石桥，吕君杰. 领导干部资源环境责任审计成果应用：理论框架和例证分析 [J] 会计之友，2018 (22)：152-156.

[13] 耿建新，牛红军. 关于制定我国政府环境审计准则的建议和设想 [J]. 审计研究，2007 (4)：8-14.

[14] 耿建新，王晓琪. 自然资源资产负债表下土地账户编制探索 [J]. 审计研究，2014 (5)：20-25.

[15] 贺祥民，赖永剑. 产业融合对绿色创新效率的非线性影响：基于高技术服务业与制造业融合的经验证据 [J]. 技术经济与管理研究，2020 (9)：3-8.

[16] 韩峰，胡玉珠，陈祖华. 国家审计推进经济高质量发展的作用研究：基于地级城市面板数据的空间计量分析 [J]. 审计与经济研究，2020，35 (1)：29-40.

[17] 立和，商勇，王欢芳. 长江经济带技术创新效率评价及影响因素分析 [J]. 湖南社会科学，2020 (3)：87-93.

[18] 湖南省社会科学院绿色发展研究团队. 长江经济带绿色发展报告(2017) [M]. 北京：社会科学文献出版社，2018.

[19] 湖北省社会科学院. 长江经济带高质量发展指数报告 [M]. 北京：长江出版社，2019.

[20] 黎文靖，郑曼妮. 实质性创新还是策略性创新?：宏观产业政策对微观企业创新的影响 [J]. 经济研究，2016，51 (4)：60-73.

[21] 郭树龙. 中间品进口与企业污染排放效应研究 [J]. 世界经济研究，2019 (9)：67-77.

[22] 江珂，滕玉华. 中国环境规制对行业技术创新的影响分析：基于中国20个污染密集型行业的面板数据分析 [J]. 生态经济，2014，30 (6)：90-93.

[23] 蒋秋菊，孙芳城. 领导干部自然资源资产离任审计是否影响企业税收规避：基于政府官员晋升机制转变视角的准自然实验研究 [J]. 审计研究，2019 (3)：35-43.

[24] 颉茂华，王瑾，刘冬梅. 环境规制、技术创新与企业经营绩效 [J]. 南开管理评论，2014，17 (6)：106-113.

[25] 李阳，党兴华，韩先锋，等. 环境规制对技术创新长短期影响的异质性效应：基于价值链视角的两阶段分析 [J]. 科学学研究，2014，32 (6)：937-949.

[26] 李璐. 环境保护、受托责任与环境会计审计问题研究：第一届CSEAR中国研讨会暨“环境会计与综合报告”国际学术年会综述［J］. 中国会计评论，2012，10（4）：495-502.

[27] 李兆东. 环境机会主义、问责需求和环境审计［J］. 审计与经济研究，2015（2）：33-42.

[28] 李丽，孙文远. 国家审计促进环境绩效的作用机制研究：基于2008—2014年省级面板数据的分析［J］. 生态经济，2019，35（6）：175-181.

[29] 李秀珠，刘文军. 领导干部自然资源资产离任审计与企业债务融资［J］. 中央财经大学学报，2020（6）：52-67.

[30] 李明，聂召. 国家审计促进地方经济发展的作用研究：来自省级地方政府的经验证据［J］. 审计研究，2014（6）：36-41.

[31] 李明辉，张艳，张娟. 国外环境审计研究述评［J］. 审计与经济研究，2011，26（4）：29-37.

[32] 李祎. 环境审计在地方污染治理中的作用机制及路径创新研究［J］. 中外企业家，2017（26）：63-64.

[33] 李斌，陈崇诺. 异质型环境规制对中国工业能源效率影响的实证检验［J］. 统计与决策，2016（3）：129-132.

[34] 刘志军. 环境审计环境研究：回顾与思考［J］. 广西财经学院学报，2006（6）：99-101.

[35] 刘长翠，张宏亮，黄文思. 资源环境审计的环境：结构、影响与优化［J］. 审计研究，2014（3）：38-42.

[36] 刘长翠，周芳. 环境审计研究：历史、现状与未来 基于国内研究的实证分析与理论述评［J］. 审计研究，2005（4）：49-54.

[37] 刘达朱，王本强，陈基湘. 政府环境审计的现状、发展趋势和技术方法［J］. 审计研究，2002（6）：17-23.

[38] 刘文军，谢帮生. 领导干部自然资源资产离任审计影响公司盈余管理吗？［J］. 中南财经政法大学学报，2018（1）：13-23.

[39] 刘伟，童健，薛景. 行业异质性、环境规制与工业技术创新［J］. 科研管理，2017，38（5）：1-11.

[40] 刘斌，魏倩，吕越，等. 制造业服务化与价值链升级［J］. 经济研究，2016（3）：151-162.

[41] 刘金林，冉茂盛. 环境规制对行业生产技术进步的影响研究［J］. 科研管理，2015，36（2）：107-114.

[42] 刘春兰，王海燕，吴成亮. 环境规制对中国工业全行业技术创新的影响研究 [J]. 科技管理研究，2014，34（20）：5-9.

[43] 刘中艳. 现代服务业技术效率区域差异及成因：基于省际面板数据的分析 [J]. 江西社会科学，2013（8）：81-85.

[44] 林忠华. 探索领导干部自然资源资产离任审计 [J]. 贵阳市委党校学报，2014（5）：58-61.

[45] 陆军，聂伟. 中部崛起战略促进了中部经济增长吗？[J]. 江西社会科学，2018（9）：46-55.

[46] 吕祯琳. 国外资源环境审计对我国的启示 [J]. 北方经贸，2015（5）：191-199.

[47] 鲁心逸. 谈国家审计推动国家生态治理的路径导向：对印度资源环境审计关键要素的解读 [J]. 新会计，2013（9）：45-47.

[48] 马蓉，罗晓甜. 生产性服务业与制造业产业融合对制造业技术效率的影响 [J]. 兰州财经大学学报，2020（4）：34-46.

[49] 马媛，王晓东，尹华，等. 环境规制对煤炭行业技术创新的影响研究 [J]. 中国矿业，2014，23（4）：57-61.

[50] 马海涛，朱梦珂. 扩张性财政政策挤出了非金融企业投资吗？[J]. 财政研究，2020（10）：3-18.

[51] 毛建辉. 政府行为、环境规制与区域技术创新：基于区域异质性和路径机制的分析 [J]. 山西财经大学学报，2019，41（5）：16-27.

[52] 莫艳琴，苏红，韩峰. 国家审计治理对生态环境质量的影响：基于长江经济带省级面板数据的实证分析 [J]. 商业会计，2018（14）：62-65.

[53] 穆红莉. 制度变迁框架下的工业企业污染排放行为变化研究 [J]. 企业经济，2008（10）：16-18.

[54] 全进，刘文军，谢帮生. 领导干部自然资源资产离任审计、政治关联与权益资本成本 [J]. 审计研究，2018（2）：46-54.

[55] 渠慎宁，杨丹辉. 中国废弃物温室气体排放及其峰值测算 [J]. 中国工业经济，2011（1）：37-47.

[56] 任胜钢，胡兴，袁宝龙. 中国制造业环境规制对技术创新影响的阶段性差异与行业异质性研究 [J]. 科技进步与对策，2016，33（12）：59- 66.

[57] 沈永建，尤梦颖，梁方志. 政府管制与企业行为：述评与展望 [J]. 会计与经济研究，2020，34（3）：81-95.

［58］孙铮，刘凤委，李增泉．市场化程度、政府干预与企业债务期限结构：来自我国上市公司的经验证据［J］．经济研究，2005（5）：52-63.

［59］孙文远，孙媛媛．资源环境审计对经济高质量发展影响的实证研究：以领导干部自然资源资产离任审计试点为例［J］．生态经济，2020，36（1）：166-171.

［60］宋马林，王舒鸿．环境规制、技术进步与经济增长［J］．经济研究，2013，48（3）：122-134.

［61］石庆玲，郭峰，陈诗一．雾霾治理中的“政治性蓝天”：来自中国地方“两会”的证据［J］．中国工业经济，2016（5）：40-56.

［62］石光，周黎安，郑世林，等．环境补贴与污染治理：基于电力行业的实证研究［J］．经济学：季刊，2016（3）：1 439-1 462.

［63］田露．环境规制强度对资源型产业绿色技术创新的影响［J］．合作经济与科技，2019（3）：118 -119.

［64］汤二子，孙振．制造业企业污染排放与产出关系实证研究：企业层面是否存在环境库兹涅茨曲线？［J］．财经科学，2012（8）：67-74.

［65］王爱俭，舒鑫，于博．产业政策扶持与企业金融资产配置：基于“五年规划”变更的自然实验［J］．商业经济与管理，2020（10）：52-72.

［66］王耘农，李歆，陈永康．国家审计促进经济发展方式转变的实践与探索：基于重庆经济发展模式的思考［J］．审计研究，2011（4）：3-7.

［67］王守坤．僵尸企业与污染排放：基于识别与机理的实证分析［J］．统计研究，2018，35（10）：58-68.

［68］王振，周海旺，王晓娟．长江经济带发展报告（2017—2018）［M］．北京：社会科学文献出版社，2018.

［69］王淡浓．加强政府资源环境审计、促进转变经济发展方式［J］．审计研究，2011（5）：18-23.

［70］王爱国，刘玉玉，张敏，等．国家审计推动经济高质量发展的作用机理研究［J］．会计之友，2019（18）：147-154.

［71］王树义．环境治理是国家治理的重要内容［J］．法制与社会发展，2014（5）：51-53.

［72］王锋正，郭晓川．环境规制强度对资源型产业绿色技术创新的影响：基于2003—2011年面板数据的实证检验［J］．中国人口·资源与环境，2015（S1）：143-149

［73］王云，李延喜，马壮，等．媒体关注、环境规制与企业环保投资［J］．

南开管理评，2017，20（6）：83-94.

[74] 王书斌，徐盈之. 环境规制与雾霾脱钩效应：基于企业投资偏好的视角 [J]. 中国工业经济，2015（4）：18-30.

[75] 王明益，石丽静. 政府干预影响中国制造业企业市场退出的路径分析. 经济学动态，2018（6）：44-60.

[76] 王文娜，胡贝贝，刘戒骄. 外部审计能促进企业技术创新吗?：来自中国企业的经验证据 [J]. 审计与经济研究，2020，35（3）：34-44.

[77] 王杰，刘斌. 环境规制与企业全要素生产率：基于中国工业企业数据的经验分析 [J]. 中国工业经济，2014（3）：44-56.

[78] 王百强，杨雅宁，伍利娜，等. 财政政策与企业劳动力决策 [J]. 中国软科学，2020（9）：111-131.

[79] 吴延兵. R&D 存量、知识函数与生产效率 [J]. 经济学（季刊），2006（3）：1 129-1 156.

[80] 万伦来，卢越. 环境污染排放限额制度能有效降低企业污染排放吗?：一个政企动态博弈模型分析 [J]. 华东经济管理，2015，29（9）：85-89.

[81] 伍中信，张娅，张雯. 信贷政策与企业资本结构：来自中国上市公司的经验证据 [J]. 会计研究，2013（3）：51-58.

[82] 杨小凯，黄有光. 专业化与经济组织：一种新兴古典微观经济学框架 [M]. 北京：经济科学出版社，1999.

[83] 严伟. 环境、生态与资源审计的定义和内涵分析 [J]. 资源与产业，2013，15（1）：136-140.

[84] 喻开志，王小军，张楠楠. 国家审计能提升大气污染治理效率吗? [J]. 审计研究，2020（2）：43-51.

[85] 余伟，陈强，陈华. 环境规制、技术创新与经营绩效：基于 37 个工业行业的实证分析 [J]. 科研管理，2017，38（2）：18-25.

[86] 于鹏，李鑫，张剑，等. 环境规制对技术创新的影响及其区域异质性研究：基于中国省级面板数据的实证分析 [J]. 管理评论，2020，32（5）：87-95.

[87] 原毅军，谢荣辉. 环境规制的产业结构调整效应研究：基于中国省际面板数据的实证检验 [J]. 中国工业经济，2014（8）：57-69.

[88] 张彦博，寇坡. 环境规制、互联网普及率与企业污染排放 [J]. 产经评论，2018，9（6）：128-139.

[89] 张龙平，李苗苗，陈丽红. 国家审计会影响低碳发展吗?：基于中国省级面板数据的实证研究 [J]. 审计与经济研究，2019，34（5）：9-21.

［90］张琦，谭志东．领导干部自然资源资产离任审计的环境治理效应［J］．审计研究，2019（1）：16－23.

［91］张亚连，刘巧．企业生态绩效审计：来自2015—2016年上市公司环境数据的实证检验［J］．中南林业科技大学学报（社会科学版），2018，12（2）：26-34.

［92］张长江，陈良华，黄寿昌．中国环境审计研究10年回顾：轨迹、问题与前瞻［J］．中国人口·资源与环境，2011，21（3）：35-40.

［93］张珂．日本环境审计发展对我国的启示［J］．环境与可持续发展，2014，39（3）：94-96.

［94］张伟，周根贵，曹柬．政府监管模式与企业污染排放演化博弈分析［J］．中国人口·资源与环境，2014，24（S3）：108-113.

［95］张以宽．论可持续发展战略与中国环境审计制度：实行环境审计制度是贯彻以德治国方针的重要举措［J］．审计研究，2003（1）：3-7.

［96］张明斗．城市化水平与经济增长的内生性研究［J］．宏观经济研究，2013（10）：87-94.

［97］张嫚．环境规制对企业竞争力的影响［J］．中国人口·资源与环境，2004（4）：128-132.

［98］赵国浩，马明．地方政府环境规制竞争背景下地区间的企业污染排放行为［J］．北京理工大学学报（社会科学版），2018，20（5）：1-9.

［99］赵劲松．关于我国政府审计质量特征的一个分析框架［J］．审计研究，2005（4）：65-68.

［100］周国梅，彭昊，曹凤中．循环经济和工业生态效率指标体系［J］．城市环境与城市生态，2003（6）：201-203.

［101］郑石桥，许玲玲．国家审计影响地方经济增长的机理与路径：基于中国省级面板数据的实证分析［J］．新疆财经大学学报，2020（2）：39-52.

［102］祝树金，谢煜，段凡．制造业服务化、技术创新与企业出口产品质量［J］．经济评论，2019（6）：3-16.

［103］曾昌礼，李江涛．政府环境审计与环境绩效改善［J］．审计研究，2018（4）：44-52.

［104］邹洋，叶金珍，李博文．政府研发补贴对企业创新产出的影响：基于中介效应模型的实证分析．山西财经大学学报［J］．2019，41（1）：17-26.

［105］雒敏，聂文忠．财政政策、货币政策与企业资本结构动态调整：基于我国上市公司的经验证据［J］．经济科学，2012（5）：18-32.

[106]《中国特色社会主义审计理论研究》课题组. 国家审计功能研究 [J]. 审计研究, 2013 (5): 3-9.

主要的英文参考文献

[1] ANDERSEN P, PETERSEN N C. A procedure for ranking efficient units in data envelopment analysis [J]. Management Science, 1993, 39: 1261-1264.

[2] ALVAREZ-LARRAURI R, FOGEL I. Environmental audits as a policy of state: 10 years of experience in Mexico [J]. Journal of Cleaner Production, 2008, 16 (1): 66-74.

[3] BAE S, SEOL I. An exploratory empirical investigation of environmental audit programs in S&P 500 companies [J]. Management Research News, 2006, 29 (9):573-579.

[4] BRUNNER MEIER, COHEN M A. Determinants of environmental innovation in US manufacturing industries [J]. Journal of Environmental Economics and Management, 2003, 45 (2): 278-293.

[5] CHINTRAKARN P. Environmental regulation and United States' technical inefficiency [J]. Economics Letters, 2008 (3): 363-365.

[6] CONSIDINE T J, WATSON R W, Considine N B. Environmental regulation and compliance of Marcellus Shale gas drilling [J]. Environmental Geosciences, 2013, 20 (1): 1-16.

[7] COOK W, VAN BOMMEL S, TURNHOUT E. Inside environmental auditing: Efectiveness, objectivity, and transparency [J]. Current Opinion in Environmental Sustainability, 2016, 18: 33-39.

[8] CHIANG C, LIGHTBODY M. Financial auditors and environmental auditing in New Zealand [J]. Managerial Auditing Journal, 2004, 19 (2): 224-234.

[9] DARNALL N, SEOL I, SARKIS J. Perceived stakeholder influences and organizations' use of environmental audits [J]. Accounting, Organizations and Society, 2008, 34 (2): 170-187.

[10] DIXON R, MOUSA G A, WOODHEAD A D. The necessary characteristics of environmental auditors: a review of the contribution of the financial auditing profession [J]. Accounting Forum, 2004, 28 (2): 119-138.

[11] ELLIOTT D, PATTON D. Environmental audit response: The case of the engineering sector [J]. Greener Management International, 1998 (22): 83-95.

[12] GABEL H L, SICLAIR-DESGAGNÉ B. Environmental audits and incentive compensation [J]. Environmental Management, 1994, 25 (1): 103-110.

[13] GREENSTORNE M, LIST J A, SYBERSON C. The effects of environmental regulation on the competitiveness of U. S. manufacturing [J]. Social Science Electronic Publishing, 2012, 93 (2): 431- 435.

[14] GRAY R. Current developments and trends in social and environmental auditing, reporting and attestation: A review and comment [J]. International Journal of Auditing, 2000, 4 (3): 247-268.

[15] HAMAMOTO M. Environmental regulation and productivity of Japanese manufacturing industries [J]. Resource and Energy Economics, 2006, 28 (4): 299-312.

[16] HOFFMANN E, ANKELE K, NILL J. Product innovation impacts of EMAS: Results of case studies and a survey of German firms validated according to the EU environmental management and auditing scheme [J]. The Journal of Sustainable Product Design, 2003, 3 (3): 93-100.

[17] JIM T P. Auditing the health of Australia natural resource management [J]. Ecosystem, 2000 (2): 149-163.

[18] KASS S L, MCCARROLL J M. Environmental audits: How they can help and hurt the corporation [J]. Directorship, 1995, 21 (9): 12-14.

[19] KHEDER S B, ZUGRAVU N. The pollution haven hypothesis: a geographic economy model in a comparative study [R]. Working Papers, April 2008.

[20] KOLK A, PEREGO P. Determinants of the adoption of sustainability assurance statements: an international investigation [J]. Business Strategy and the Environment, 2008, 19 (3): 182-198.

[21] KLUCZEK A, OLSZEWSKI P. Energy audits in industrial processes [J]. Journal of Cleaner Production, 2017, 142: 3 437-3 453.

[22] LANJOUW, MODY A. Innovation and the international diffusion of environmentally responsive technology [J]. Research Policy, 1996, 25 (4): 549-571

[23] LU H, WEI Y, YANG S. et al. Regional spatial patterns and influencing factors of environmental auditing for sustainable development: Summaries and illuminations from international experiences [J]. Environmental Development and Sustainability, 2020 (22): 3577-3597.

[24] MISHRA B K, NEWMAN D P, STINSON C H. Environmental regulations and incentives for compliance audits [J]. Journal of Accounting and Public Policy, 1997, 16 (2): 187-214.

[25] MOOR P D, BEELDE I D. Environmental auditing and the role of the accountancy profession: A literature review [J]. Environmental Management, 2005, 36 (2): 205-219.

[26] NONNA M B. Assurance of Australia natural resource management [J]. Public Management Review, 2010 (4): 549-565.

[27] PRESTON T, JRGEN S. Constraining or enabling green capability development? How policy uncertainty affects organizational responses to flexible environmental regulations [J]. British Journal of Management, 2017: 649-665.

[28] POTER M. Towards new conception of the environment: Competitiveness relationship [J]. Journal of Economic Perspectives, 1995, 9 (4): 97 -118.

[29] QIAN W, HÖRISCH J, SCHALTEGGER S. Environmental management accounting and its effects on carbon management and disclosure quality [J]. Journal of Cleaner Production, 2018, 174: 1608-1619.

[30] SINCLAIR-DESGAGNÉ B, GABEL H L. Environmental auditing in management systems and public policy [J]. Journal of Environmental Economics and Management, 1997, 33 (3): 331-346.

[31] STANWICK P A, STANWICK S D. Cut your risks with environmental auditing [J]. The Journal of Corporate Accounting & Finance, 2001, 12 (4): 11-14.

[32] STAFFORD S L. State adoption of environmental audit initiatives [J]. Contemporary Economic Policy, 2006, 24 (1): 172-187.

[33] SCHALTEGGER S, ROGER B. Contemporary environmental accounting: Issues, concepts and practice [M]. Taylorand and Francis: 2017.

[34] SINCLAIR-DESGAGNÉ B, GABEL H L. Environmental auditing in management systems and public policy [J]. Journal of Environmental Economics and Management, 1997, 33 (3): 331-346.

[35] THOMPSON D, WILSON M J. Environmental auditing: Theory and applications [J]. Environmental Management, 1994, 18 (4): 605-615.

[36] TOZER L, MATHEWS M. Environmental auditing: Current practice in New Zealand [J]. Accounting Forum, 1994, 18 (3): 47-69.

[37] WAGNER M. On the relationship between environmental management, environmental innovation and patenting: Evidence from German manufacturing firms 32 [J]. Research Policy, 2007 (36): 1587-1602.

[38] WU J Y, MAO Y L, GAO Y C. The theoretical basis of environmental auditing. [J]. Environmental Science Trends, 2003, 3: 22-23.

[39] ZBIRECIKLI M. A review on how CPAs should be involved in environmental auditing and reporting for the core aim of it [J]. Problems and Perspectives in Management, 2007, 5 (2): 113-126.

附录 1 《领导干部自然资源资产离任审计规定（试行）》解读[①]

2017 年 6 月，中共中央总书记、国家主席、中央军委主席习近平主持中央全面深化改革工作领导小组会议审议通过了《领导干部自然资源资产离任审计规定（试行）》（以下简称《规定》）。同年 11 月 28 日，中共中央办公厅、国务院办公厅印发《领导干部自然资源资产离任审计规定（试行）》，这标志着一项全新的、经常性的审计制度正式建立。自 2018 年起，该规定由审计试点阶段进入全面推开阶段。

为了更好地理解落实《规定》，审计署负责人就相关问题进行了专业的解读。

一、《规定》出台背景及意义

党中央高度重视生态文明建设，党的十八大将其纳入“五位一体”总体布局，把绿色发展作为五大新发展理念之一。习近平总书记多次强调，绿水青山就是金山银山，保护环境就是保护生产力，改善环境就是发展生产力。习近平总书记高度重视生态文明体制改革，对生态文明体制改革制度的四梁八柱作出了部署和要求，这些重大举措能不能落到实处，关键在领导干部，关键在落实领导干部任期生态文明建设责任制，实行自然资源资产离任审计。

党的十八届三中全会通过的《中共中央关于全面深化改革若干重大问题的决定》，对领导干部自然资源资产离任审计作出明确部署。2015 年中共中央、国务院印发的《生态文明体制改革总体方案》，提出构建起由自然资源资产产权制度等八项制度构成的生态文明制度体系，将领导干部自然资源资产离

① 资料来源：“审计之家”微信公众号。

任审计纳入完善生态文明绩效评价考核和责任追究制度中，并明确要求 2017 年出台规定。这项改革是在习近平总书记亲自关心和领导下推出的。

习近平总书记在党的十九大报告中明确提出，建设生态文明是中华民族永续发展的千年大计，必须坚持节约优先、保护优先、自然恢复为主的方针，牢固树立社会主义生态文明观，推动形成人与自然和谐发展现代化建设新格局。

制定《规定》是贯彻落实党中央关于加快推进生态文明建设要求的具体体现，是党中央关于生态文明建设战略部署的又一重大成果，对于领导干部牢固树立和践行新发展理念，坚持节约资源和保护环境的基本国策，推动形成绿色发展方式和生活方式，促进自然资源资产节约集约利用和生态环境安全，完善生态文明绩效评价考核和责任追究制度，推动领导干部切实履行自然资源资产管理和生态环境保护责任具有十分重要的意义。

二、《规定》的实践基础

2015 年以来，按照党中央、国务院决策部署和《中共中央办公厅、国务院办公厅关于印发〈开展领导干部自然资源资产离任审计试点方案〉的通知》要求，审计署围绕建立规范的领导干部自然资源资产离任审计制度，坚持边试点、边探索、边总结、边完善。2015 年，湖南省娄底市实施了领导干部自然资源资产离任审计试点；2016 年组织在河北省、内蒙古呼伦贝尔市等 40 个地区开展了审计试点；2017 年上半年又组织对山西等 9 省（市）党委和政府主要领导干部进行了审计试点。审计试点连续围绕“审什么、怎么审、如何进行评价”进行了积极探索和经验总结，截至 2017 年 10 月月底，全国审计机关共实施审计试点项目 827 个，涉及被审计领导干部 1 210 人。审计试点坚持“问题导向”，重点探索揭示自然资源资产管理和生态环境保护中存在的突出问题，并积极探索符合实际的有效组织形式，形成了可推广可复制的经验做法，为起草《规定》提供了坚实的实践积累。

三、《规定》明确的审计内容和重点

领导干部自然资源资产离任审计内容主要包括：贯彻执行中央生态文明建设方针政策和决策部署情况；遵守自然资源资产管理和生态环境保护法律法规情况；自然资源资产管理和生态环境保护重大决策情况；完成自然资源资产管理和生态环境保护目标情况；履行自然资源资产管理和生态环境保护监督责任情况；组织自然资源资产和生态环境保护相关资金征管用和项目建设运行情况；履行其他相关责任情况。

审计机关应当充分考虑被审计领导干部所在地区的主体功能定位、自然资源资产禀赋特点、资源环境承载能力等，针对不同类别自然资源资产和重要生态环境保护事项，分别确定审计内容，突出审计重点。

《规定》对领导干部自然资源资产离任审计工作提出具体要求，并发出通知，要求各地区各部门结合实际认真遵照执行。

《规定》明确了开展领导干部自然资源资产离任审计，审计工作应当坚持依法审计、问题导向、客观求实、鼓励创新、推动改革。

《规定》强调，审计机关应当根据被审计领导干部任职期间所在地区或者主管业务领域自然资源资产管理和生态环境保护情况，结合审计结果，对被审计领导干部任职期间自然资源资产管理和生态环境保护情况变化产生的原因进行综合分析。

《规定》要求，被审计领导干部及其所在地区、部门（单位），对审计发现的问题应当及时整改。

附录 2　领导干部离任审计：特点、难点、内容、方法[①]

领导干部自然资源资产离任审计（以下简称“自然资源资产审计”）是一项系统复杂的、涉及多专业学科的审计项目。从各地审计实践看，做好自然资源资产审计不仅需要专业的审计知识和技能，也非常讲究科学高效的审计方法。审计方法得当审计效率就高，反之则审计效率低下，甚至徒劳无功。本文结合自然资源资产审计实践经验，解析自然资源资产审计的特点、难点及主要内容，探讨提高审计效率的方法。

一、客观认识自然资源资产审计的特点与难点

自然资源资产审计不同于一般财政财务收支审计或专项审计，其审计主要依靠审计人员深入湖泊、林地、矿山，从多个现场实地勘查取证，从而了解水、土、气、林、矿等自然资源资产情况。自然资源资产审计有点多、面广、专业性强三大特点，其难点在于审计评价难。

特点之一：点多。一个自然资源资产审计项目往往会涉及城区、乡镇、村等多个分散的点。这些点少则十几个，多则几十个，审计人员几乎每天都需要往返各个点上进行现场调查取证，才能获得相关情况。

特点之二：面广。自然资源资产审计涉及水、土、气、林、矿五个方面的内容，同时还要审计相关资金征管用、项目建设运行情况、生态环境保护的相关法律法规执行情况等，涉及面非常广。

特点之三：专业性强。做好自然资源资产审计，需要结合运用常规审计方法与环境科学、自然资源法律、自然资源监测等专业知识，才能取得客观充分

① 资料来源：“审计之家”微信公众号。

的审计证据。因此，审计人员不仅需要具备审计专业知识，还需要掌握生态学、动物学、植物学、社会学、工程学等方面的相关知识。

主要难点：审计评价难。目前，我国尚未建立起完整系统的自然资源资产负债表，自然资源资产的管理也缺乏有效的监督管理指标体系，因此对领导干部自然资源资产审计的评价，主要用"好、较好、一般、较差、差"等笼统定性标准，没有一个量化的评价标准和完整的评价体系，由此导致审计评价难。

二、准确把握自然资源资产审计的主要内容

自然资源主要包括水资源、国土资源、大气资源、森林资源、矿产资源。水资源是各种资源中不可替代的一种重要资源，不仅为维持地球一切生命所必需，而且对一切经济问题都有生死攸关的重要意义；国土资源包括耕地、林地、牧地、城镇居民用地、交通用地、其他用地等各类用地的资源；大气资源泛指大气圈以及相关方面为人类提供的能源或者生产生活资料，一般而言，风能、太阳能、气候的季节变化产生的经济效应等都算大气资源；森林资源作为地球上可再生自然资源，在人类生存和发展的历史进程中起着不可替代的作用；矿产资源属于不可再生性自然资源，包括煤、石油、天然气等能源矿物。自然资源资产审计主要有五个方面的内容。

1. 自然资源资产实物量和生态环境质量变化情况

自然资源资产实物量变化情况，主要关注水资源、土地资源、林木资源实物量是否大幅减少；生态环境质量变化情况，主要关注水环境、空气环境、土壤环境是否质量下降。

2. 政策制度的制定和执行情况

政策制度的制定和执行情况包括考察省委、省政府生态文明建设工作要求的落实情况；河湖长制建立和落实情况；湖泊保护基础性工作落实情况；当地出台的有关政策、功能区规划等文件内容是否与国家、省出台的规章制度存在明显不符；环保相关制度落实情况等。

3. 目标任务完成方面

目标任务完成情况的审计包括国家和省确定的自然资源利用、环境治理、环境质量、生态保护等方面约束性指标及目标任务完成情况；其他纳入国家和省生态文明建设考核目标完成情况。

4. 违反生态环境保护法律法规方面

水资源和水环境方面，要重点关注违规排污、未经处理或未能完全处理排

污、超标排污、偷排等，无证取水、超核定量取水、违规占用河道、水库或湖泊进行填湖、围湖、分割湖面、采砂等，围栏、围网、网箱、围汉等未拆除，排污口管理方面可能存在的问题、饮用水水源环境保护方面可能存在的问题，生活、工业污水治理方面可能存在的问题等。

土地资源与土壤环境方面，要重点关注相关部门非法批准征收或占用土地，非法占用土地，非法占用基本农田或耕地，征而未供、批而未供土地，低效利用、闲置土地，开发区设置不合规等问题。

矿产资源方面，要重点关注矿业权出让过程中可能存在的违纪违规问题，违规采矿，矿山地质环境治理不到位，尾矿库建设、运行不规范，到期后未进行闭库治理等问题。

森林资源方面，要重点关注越权审批林地，违法占用林地，违法占用国家级公益林，临时占用林地超过审批期限或在临时占用林地上修筑永久性建筑物、毁坏林地等问题。

自然保护区、湿地公园方面，要重点关注在自然保护区内开展禁止性活动，以及在湿地内开展禁止性活动、违法占用湿地、临时占用湿地超过审批期限等问题。

其他方面，要重点关注以前年度中央和省相关督察、审计和专项考核检查等发现问题的督促整改不力，生态环保相关主管部门依法履职不到位的问题。

5. 自然资源资产、生态环境保护相关资金征管用和项目建设运行情况

对此类情况的审计内容包括与自然资源资产和生态环境保护相关税费、政府性基金以及国有自然资源资产有偿使用收入等的征收管用情况；国家、省以及地方生态环境保护资金投入和使用情况。

三、积极探索提高自然资源资产审计效率的方法

自然资源资产审计是一项全新的审计业务，方式方法还在不断的探索、总结和完善中。审计人员要做好这项审计工作，就需要抓住审计实施前、中、后不同环节的特点要求，结合项目实际，积极探索一种既具规律性、又有项目自身特点的方法。

（一）审计实施前：积极准备，快速找准审计切入点

第一，认真学习审计方案。审计人员要认真学习本地区本年度领导干部自然资源资产审计工作方案，弄清本年度需要审计的主要内容和领导要求。

第二，加强相关法律法规的学习理解。特别是要重点关注《中华人民共和国环境保护法》《中华人民共和国土地管理法》《中华人民共和国大气污染

防治法》《中华人民共和国水法》等法律法规。围绕审计工作方案内容，制定相关领导干部自然资源资产审计问题清单表，并在清单中对每个审计事项列出了问题类型和对应的法律法规及详细条款，便于审计人员能针对性地学习其中的法律法规。

第三，摸透相关表格填报要求，提前进行数据和信息分析。自然资源资产审计实施前，牵头业务处（室）一般会制定和下发一套被审地区的基本情况表，如环境空气质量情况一览表，河湖库等水资源基本情况一览表，土地矿产资源基本情况一览表，森林资源基本情况一览表，生态环保约束性指标数据变化情况一览表，召开与自然资源资产开发、利用、管理和生态环境保护有关会议情况一览表，出台自然资源资产管理和生态环境保护相关的主要制度（规定、工作方案、考核办法等）一览表，以及各部门上报电子数据及责任清单表等，审计人员要仔细研究和消化，并分别与这些张涉及的被审计地区环保、国土、水利等行政部门相关人员取得联系，对对方表中填报的数据进行核实和确认，对没填的内容让对方予以说明。通过对这些表的分析和研究，审计人员就会在较短的时间内快速熟悉被审计地方的有关情况，有些表中反映出的问题甚至可以直接取证。

第四，认真开展审前调查找准审计切入点。在进点前的调查了解中，审计人员可以先行通过互联网站掌握一定时期内国家的大政方针政策和热点信息，同时登录被审计地方的政府网站，了解本区域范围内自然资源资产管理工作的焦点、难点问题和薄弱环节，以便能尽快找到审计切入点。

（二）现场审计期间：善于借力，抓住主要问题，采取“四同时一逐步”叠加审计方法

一是善于借力。在湖北省审计厅组织开展的领导干部经济责任“1+N”审计方式中，自然资源资产审计组一般只安排2人，而自然资源资产需要审计的内容很多，如果事事都靠审计人员自己去跑现场调查，那审计人员每天不仅会非常辛苦，而且审计效率也低。笔者采用的方法是：主要问题由审计人员亲自去查，其他一般性问题由主审列出需要检查的问题清单，并与被审计地方环保、国土、水利、农业等相关行政单位的领导沟通好，由其安排专业人员去落实。对方负责把检查的结果反馈给审计组，并附上佐证材料和照片，审计组再根据情况随机去抽查，以确保准确性。这种方法经实践证明，可以在同一时间同时铺开多个审计事项，大大提高了审计效率。

二是抓住主要问题。每个地区的自然资源资产管理情况都不一样，有的地方空气污染问题突出，有的地方水环境问题突出，有的地方采砂问题突出。开

展自然资源资产审计应根据当地自然资源实际，依据重要性原则确定审计重点，抓住主要问题。在审计进点前的调查了解中，审计组已经了解本区域范围内自然资源资产管理工作的焦点、难点问题和薄弱环节，审计期间，审计组应把主要精力放在审计主要问题上，把主要问题查深查透，其他一般问题可灵活掌握。

三是采取“四同时一逐步”叠加审计方法，即同时审计、同时取证、同时沟通、同时写报告、逐步签字。在现场审计时，有的审计组习惯于审计完一个审计事项后只把情况记录下来，等到后期与其他审计事项一起集中取证，然后再找对方签字、再写报告。笔者采用的方法是把审计、取证、写报告、沟通这些环节同时叠加在一起进行，即每审计完一个审计事项后就及时取证，并现场与相关人员沟通，如果对方无异议就及时把取证单上的审计事项写进审计报告中，这样后期就无需再安排专门时间去取证、写审计报告，可有效的缩短审计时间，提高工作效率。此外，在审计中间把取证单分批逐步的交给对方签字，可使对方领导有充足的时间消化取证单上反映的审计事项，及时沟通和签字，确保取证单能按时收回。

四是及时报送审理。在审计现场，审计组除了完成每个审计事项外，还要抽空完成审计结束返回单位后需要报送到法规审理部门审理的所有资料清单，包括审计实施程序方面的审计实施方案、调查了解、审计结论方面的审计报告征求意见稿、审计证据方面的各个单项取证单、审计工作底稿等相关资料，这样可确保对方反馈意见回复后，能及时报送法规部门审理。

（三）审计实施后：多方沟通，客观求实反馈审计意见

审计实施后，审计组组长或主审要加强与对方政府办相关联络人员联系，沟通协商 对方在反馈《审计意见征求意见稿》中遇到的一些情况和问题，督促其在法定反馈时间内尽快回复反馈意见，为最终出具审计报告打好提前量，确保按时保质出具审计结论。

附录3　长江经济带11省市简介

第1部分　长江经济带（流域）上游篇

四川

四川，简称“川”或“蜀”，是中华人民共和国省级行政区，省会成都。四川省位于中国西南腹地，北连陕西、甘肃、青海，南接云南、贵州，东邻重庆，西衔西藏；是西南、西北和中部地区的重要结合部，是大熊猫的故乡，被誉为“天府之国”。

四川省位于中国西南腹地，地处长江上游，辖区面积48.6万平方千米，居中国省份面积排名第五，辖21个地级行政区，与7个省接壤，北连陕西、甘肃、青海，南接云南、贵州，东邻重庆，西衔西藏。是西南、西北和中部地区的重要结合部，是承接华南华中、连接西南西北、沟通中亚南亚东南亚的重要交汇点和交通走廊。全省可分为四川盆地、川西高山高原区、川西北丘状高原山地区、川西南山地区、米仓山大巴山中山区五大部分。四川地貌复杂，以山地为主要特色，具有山地、丘陵、平原和高原四种地貌类型。四川气候总的特点是：区域表现差异显著，东部冬暖、春旱、夏热、秋雨、多云雾、少日照、生长季长，西部则寒冷、冬长、基本无夏、日照充足、降水集中、干雨季分明；气候垂直变化大，气候类型多，有利于农、林、牧业的综合发展；气象灾害种类多、发生频率高且影响范围大，主要是干旱、暴雨、洪涝和低温等气象灾害也经常发生。四川河流众多，以长江水系为主。黄河一小段流经四川西北部，为四川和青海两省交界，支流包括黑河和白河；长江上游金沙江为四川和西藏、四川和云南的边界，在攀枝花流经四川南部，在宜宾流经四川东南部，较大的支流有雅砻江、岷江、大渡河、理塘河、沱江、嘉陵江、赤水河。

四川省主要的湖泊有邛海、泸沽湖和马湖。四川省矿产资源丰富且种类比较齐全，能源、黑色、有色、稀有、贵金属、化工、建材等矿产均有分布。已发现各种金属、非金属矿产 132 种，占全国总数的 70%；已探明一定储量的矿产有 94 种，占全国总数的 60%，分布在全省大部分地区。

2021 年 5 月 11 日，第七次全国人口普查结果公布：截止 2020 年 11 月 1 日零时，四川省常住人口 83 674 866 人。四川为多民族聚居地，有全 56 个民族。汉族、彝族、藏族、羌族、苗族、回族、蒙古族、土家族、傈僳族、满族、纳西族、布依族、白族、壮族、傣族为省内世居民族。

2020 年，四川省地区生产总值 48 598. 8 亿元，比上年增长 3. 8%。其中，第一产业增加值 5556. 6 亿元，增长 5. 2%；第二产业增加值 17571. 1 亿元，增长 3. 8%；第三产业增加值 25471. 1 亿元，增长 3. 4%。三次产业对经济增长的贡献率分别为 14. 1%、43. 4%和 42. 5%。三次产业结构由上年的 10. 4 : 37. 1 : 52. 5 调整为 11. 4 : 36. 2 : 52. 4。四川的第一产业，农业素有精耕细作的传统，形成了夏收作物、秋收作物、晚秋作物一年三季的耕作制度。常年农作物种植面积为 14 500 万~15 000 万亩，其中粮食作物种植面积约 10 000 万亩，经济作物种植面积为 2 200 万~2 500 万亩，其他作物种植面积为 2 300 万~2 500 万亩。粮食作物中，水稻、小麦、玉米、红苕、马铃薯、大豆等种植优势明显，尤以水稻最为突出，常年种植面积 3 000 万亩左右，约占粮食种植面积的 30%，产量占粮食总产量的 40%以上；小麦、玉米种植面积均在 2 000 万亩左右，红苕、马铃薯种植面积均在 1 000 万亩以上；大豆种植面积在 400 万亩以上。经济作物有油菜、花生、蔬菜、水果等，资源丰富、种类繁多。在第二产业中，四川是中国西部工业门类最齐全、优势产品最多、实力最强的工业基地。机械、电子、冶金、化工、航空航天、核工业、建筑材料、食品、丝绸、皮革等行业在西部地区乃至全国都占有重要地位。新一代信息技术、高端装备制造、新能源、新材料、生物、节能环保等战略性新兴产业快速发展。第三产业的国内贸易及旅游、交通等占比较大，也为四川的经济增长带来持续的推动力。

在社会文化方面，四川的独特在于四川话、川剧、川菜和自然风光等。四川话是流行于川渝地区及周边省份邻近地区的主要汉语言，包括汉语西南官话中源自古蜀语。四川话约有 1 亿 2 千万的使用者。现今的四川话形成于清朝康熙年间的“湖广填四川”的大移民运动时期，是由明朝之前流行于四川地区的蜀语和来自湖广、广东、江西等地的各地移民方言逐渐演变融合而形成的。川剧是中国戏曲宝库中的一颗光彩照人的明珠。它历史悠久，保存了不少优秀的传统剧目和丰富的乐曲与精湛的表演艺术。早在唐代就有“蜀戏冠天下”

的说法。川菜作为中国四大菜系之一，在中国烹饪史上占有重要地位，它取材广泛、口味清鲜、醇浓并重，以善用麻辣著称，并以其别具一格的烹调方法和浓郁的地方风味，融会了东南西北各方的特点，博采众家之长，善于吸收、创新。四川有世界遗产6处，列居全国第二位。例如，世界自然遗产3处（九寨沟、黄龙、四川大熊猫栖息地），世界文化与自然双重遗产1处（峨眉山—乐山大佛），世界文化遗产1处（青城山—都江堰）等。四川拥有国家级风景名胜区15处（2017年），省级风景名胜区75处（2010年），有“中国旅游胜地40佳”5处（2010年）。

重庆

重庆，简称“渝”，中国四大直辖市之一，位于中国内陆西南部。重庆是国家中心城市、超大城市、国际大都市，是长江上游地区的经济、金融、科创、航运和商贸物流的中心，是西部大开发重要的战略支点，是“一带一路”和长江经济带重要联结点以及内陆开放的高地。重庆曾是战时陪都，1997年成为中国四大直辖市之一。重庆四面环山，依山而建，又因地处盆地边缘，两江汇合处，常年雾气朦胧，故而又有“山城”与“雾都”之称。

重庆位于长江上游地区，辖区面积8.24万平方千米，辖38个区县（26区、8县、4自治县），常住人口3 205.4万人，城镇化率69.46%。人口以汉族为主，少数民族主要有土家族、苗族。重庆是一座独具特色的“山城、江城”，地貌以丘陵、山地为主，其中山地占76%；长江横贯全境，流程691千米，与嘉陵江、乌江等河流交汇。旅游资源丰富，有长江三峡、世界文化遗产大足石刻、世界自然遗产武隆喀斯特和南川金佛山等壮丽景观。

抗战期间，大量人口内迁，迁至重庆地区的人数达100万。民国三十三年（1944年），重庆市区人口突破百万；民国三十四年（1945年）抗战胜利时，人口已达至125万余人。抗战胜利后，随着国民政府还都南京，部分工矿企业、机关学校迁离，重庆人口规模逐步萎缩。但人口仍保持在百万以上，成为当时全国第七大城市。2019年，重庆常住人口3 124.32万人，比上年增加22.53万人。其中，城镇人口2 086.99万人，占常住人口的比重（常住人口城镇化率）为66.8%。2019年全年外出市外人口474.02万人，市外外来人口182.05万人。根据第七次全国人口普查结果，截至2020年11月1日零时，重庆人口为32 054 159人。重庆是中国唯一辖有民族自治地方的直辖市，辖4个自治县、1个享受民族自治地方优惠政策的区（黔江区）和14个民族乡。

直辖以来，重庆发展取得显著成就。重庆紧紧围绕国家重要中心城市、长江上游地区经济中心、国家重要先进制造业中心、西部金融中心、西部国际综合交通枢纽和国际门户枢纽等国家赋予的定位，充分发挥区位优势、生态优势、产业优势、体制优势，谋划和推动经济社会发展，努力建设国际化、绿色化、智能化、人文化现代城市。经济结构加快转型升级，老工业基地焕发生机活力，形成全球重要电子信息产业集群和国内重要汽车产业集群，战略性新兴产业蓬勃发展，大数据智能化创新深入推进，两江新区、西部（重庆）科学城建设高标准实施，经济高质量发展的引擎动力更加强劲。三峡百万移民搬迁安置任务圆满完成，各项社会事业全面进步，脱贫攻坚目标任务取得全面胜利，如期全面建成小康社会，人民群众获得感幸福感安全感持续提升。基础设施建设提速推进，高速公路通车里程 3 527 千米，建成“一枢纽十干线”铁路网，“米”字型高铁网加快建设、在建和通车里程 1 421 千米，国际航线达 106 条。内陆开放高地加快崛起，以长江黄金水道、中欧班列等为支撑的开放通道全面形成，中新第三个政府间合作项目以重庆为中心运营，对接“一带一路”的西部陆海新通道建设上升为国家战略，中国（重庆）自由贸易试验区建设务实推进，内陆国际物流枢纽和口岸高地正在形成。乡村振兴和城市提升统筹推进，“两江四岸”国际山水都市风貌日益彰显。长江上游重要生态屏障加快建设，长江、嘉陵江、乌江干流水质总体为优，空气质量优良天数达 333 天，全市森林覆盖率达 52. 5%。成渝地区双城经济圈建设扎实推进，已开工建设标志性重大项目 65 个，协同推出川渝通办事项 210 项。

中央对重庆发展十分关心、寄予厚望。习近平总书记 2016 年 1 月视察重庆，2018 年 3 月参加十三届全国人大一次会议重庆代表团审议，2019 年 4 月再次亲临重庆视察指导，对重庆提出营造良好政治生态，坚持“两点”定位、“两地”“两高”目标，发挥“三个作用”和推动成渝地区双城经济圈建设等重要指示要求，为新时代重庆改革发展导航定向。“两点”定位，即西部大开发的重要战略支点、“一带一路”和长江经济带的联结点，在国家区域发展和对外开放格局中具有独特而重要的作用。“两地”“两高”目标，即加快建设内陆开放高地、山清水秀美丽之地，努力推动高质量发展、创造高品质生活。发挥“三个作用”，即在推进新时代西部大开发中发挥支撑作用、在共建“一带一路”中发挥带动作用、在推进长江经济带绿色发展中发挥示范作用。

重庆是中国著名的历史文化名城。关于重庆，有文字记载的历史达 3 000 多年，是巴渝文化的发祥地。因嘉陵江古称“渝水”，故重庆又简称“渝”。北宋崇宁元年（1102 年），改渝州为恭州。南宋淳熙 16 年（1189 年），宋光宗赵惇升恭州为重庆府。1891 年，重庆成为中国最早对外开埠的内陆通商口岸。1929年，正式建市。抗日战争时期，重庆是国民政府战时首都和世界反法西斯战争远东指挥中心。抗日战争时期和解放战争初期，以周恩来同志为代表的中共中央南方局在重庆负责领导国统区、港澳及海外地区的党组织和统一战线工作，形成的“红岩精神”，是我们国家和民族的宝贵精神财富。民盟、民建、九三学社和民革前身之一的“三民主义同志联合会”均在重庆成立。重庆是中国中西部地区唯一的直辖市。新中国建立初期，重庆为中央直辖市，是中共中央西南局、西南军政委员会驻地和西南地区政治、经济、文化中心。1954年，西南大区撤销后改为四川省辖市。1983年，成为全国第一个经济体制综合改革试点城市，实行计划单列。为带动西部地区及长江上游地区经济社会发展、统一规划实施百万三峡移民，1997年3月第八届全国人大五次会议批准设立重庆直辖市。

云南

云南省，简称“云”或“滇”，是中华人民共和国省级行政区，省会昆明。云南省是中国面向南亚东南亚的辐射中心，入选国家自由贸易试验区，长江经济带重要组成部分，全国热门旅游目的地和文旅大省。此外，云南省动植物种类数为全国之冠，素有“动植物王国”之称，被誉为“有色金属王国”。云南省历史文化悠久，自然风光绚丽，是人类文明重要发祥地之一。

云南地质现象种类繁多，成矿条件优越，矿产资源极为丰富，尤以有色金属及磷矿著称，被誉为有色金属王国，是得天独厚的矿产资源宝地。云南是全国植物种类最多的省份，被誉为植物王国。热带、亚热带、温带、寒温带等植物类型都有分布，古老的、衍生的、外来的植物种类和类群很多。在全国3万种高等植物中，云南占60%以上，列入国家一、二、三级重点保护和发展的树种有150多种。云南树种繁多，类型多样，优良、速生、珍贵树种多，药用植物、香料植物、观赏植物等品种在全省范围内均有分布，故云南有药物宝库、香料之乡、天然花园之称。云南动物种类数为全国之冠，素有动物王国之称。云南珍稀保护动物较多，许多动物在国内仅分布在云南。珍禽异兽如蜂猴、滇金丝猴、野象、野牛、长臂猿、印支虎、犀鸟、白尾梢虹雉、穿山甲等46种，均属国家一类保护动物；熊猴、猕猴、灰叶猴、麝、小熊猫、绿孔雀、蟒蛇等154种，属国家二类保护动物；此外，还有大量小型珍稀动物种类。云南省临近热带海洋，位于青藏高原的东南部，处于西南暖湿气流和东南暖湿气流的共同影响之下。由于地形和气候的影响，云南省水汽充足、降水量丰富。全省年均降水量为1 278.8毫米，折合水量4 900亿立方米。降水量地区分布十分复杂，西部、西南部和东南部年降水量较大；中部和北部的干热河谷（坝子）地区的降水量较少。从全省范围看，降水量分布规律为：山区降水量多，河谷、坝区降水量少；迎风坡降水量大，背风坡降水量小。云南能源资源得天独厚，尤以水能、煤炭资源储量较大，地热能、太阳能、风能、生物能也有较好的开发前景。82.5%的水能资源蕴藏在金沙江、澜沧江、怒江三大水系，尤以金沙江蕴藏的水能资源最大，占全省水能资源总量的38.9%。

从第七次全国人口普查主要数据结果得知，云南省总人口数居全国第十二位，总人口4 720.9万人，占全国人口总量的3.34%，其中全省总人口超过500万的城市有3个，即昆明市、曲靖市和昭通市，其合计人口占全省总人口比重的40.92%。从人口数量看，近10年间，云南省人口总量平稳增长，比2010年增加124.3万人，占全国总人口的3.34%，人口总量仍然排全国第十二位。但从人口结构和质量上看，云南省出现了许多新的变化趋势。

第一，常住人口城镇化率持续提高。与2010年相比，2020年云南省常住人口城镇化率提高了14.85个百分点，比上个十年增幅提高3.01个百分点。随着云南省工业化、信息化和农业现代化的深入发展，人口在城乡间合理流动，城乡基础设施建设不断加强，城镇范围不断扩大，城镇人口不断增加。第二，受教育程度进一步提高。与2010年相比，2020年云南省每10万人中拥有大学、高中、初中文化程度的人数均有所增长，小学文化程度的人数在下降，受教育重心向较高文化层次转移。15岁及以上人口中，文盲率由2010年的6.03%下降为4.65%，下降了1.38个百分点，人口文化素质不断提升，教育事业取得发展。第三，性别结构继续改善。从性别构成上看，2020年云南省总人口男女性别比值为107.16，比2010年的107.84下降0.68个百分点。第四，老龄化程度加深。与2010年相比，云南省60岁及以上人口比重上升了3.84个百分点，65岁及以上人口比重上升了3.12个百分点。与上个十年相比，云南省人口比重上升幅度分别提高1.94、1.58个百分点。

“十三五”期间，云南省经济总量和人均GDP在全国的排名实现双进位。“十三五”以来，云南省每年的经济增速，都高于全国平均水平2个百分点以上，位居全国前列，云南省主动服务和融入国家发展战略，积极适应经济发展新常态，坚持稳中求进的工作总基调，以供给侧结构性改革为主线，以改革开放为动力，落实高质量发展要求，统筹推进疫情防控和经济社会发展，扎实做好“六稳”工作，全面落实“六保”任务，经济增速连续多年处于全国前列。全省地区生产总值2018年跨上2万亿元新台阶，2020年达到24 522亿元，人均地区生产总值突破5万元，地方一般公共预算收入达到2 116.69亿元。云南省不断深化供给侧结构性改革，产业结构调整实现历史性突破，持续巩固提升烟草、电力、有色等优势产业，促进新旧动能接续转换，产业对全省经济的支撑能力明显增强，能源产业成为全省第一大支柱产业，绿色铝、硅产能居全国前列。工业发展格局已经从原来的烟草“一枝独秀”，转变为烟草和能源两大产业双驱动。自2015年起，全省数字经济基础建设有力推进，已建成移动基站33.1万个，其中5G基站20 389个，4G和固定宽带实现100%行政村覆盖，5G技术在特色小镇、智慧医疗、工业自动化等场景实现了应用。

在社会文化方面，云南是一个多民族的省份，语言文字丰富多彩。云南的汉族语言属北方语系（西南官话），其他各民族的语言分别属于汉藏语系和南亚语系，语言使用主要包括母语型、双语型、多语型和母语转用型四种类型。云南省各个民族，除回族、满族、水族通用汉语外，其余民族都有自己的语言，使用的民族文字共22种。其中，傣族文字语言与泰国有一定的历史渊源。纳西族的东巴文化历史悠久，东巴文字是迄今还在传承的象形文字。

除了少数民族的语言文字，云南的戏曲也远近闻名。云南有曲艺83种，数量为全国之冠，其中少数民族曲艺56种，汉族曲艺27种。彝族歌谣据统计有七十二调，大的有梅葛调、青棚调、阿色调等。大理地区白族曲艺发展成熟，产生了三腔、九板、十八调。哈尼族曲艺种有哈巴、腊苔、优历克等，分布在哈尼族不同的支系民众中。傣族神话传说与古歌谣结合，产生了民间说唱艺术章哈。纳西族形成了有故事内容的说唱艺术纳西大调，傈僳族曲艺尼丹木刮，佤族曲艺柏巧、嘮琼嘎卜（木鼓说唱），苗族曲艺然更、巴腊叭，拉祜族曲艺嘎门可等，都有大量的神话传说曲目，它们与民间歌谣结合，通过原始宗教祭师和歌手的演唱，流行在各民族当中。云南由于地处边疆，多种文化在这里汇聚、交融、相互渗透、相互影响，故本地的汉族有与其他地区不尽相同的各种曲艺表演形式，如云南花灯戏、云南评书、云南扬琴、洞经音乐、滇剧等曲艺与戏曲。

贵州

贵州，简称“黔”或“贵”，是中华人民共和国省级行政区，省会贵阳。贵州省地处中国西南内陆地区腹地，是中国西南地区交通枢纽，是长江经济带重要组成部分，也是全国首个国家级大数据综合试验区、世界知名山地旅游目的地和山地旅游大省、国家生态文明试验区、内陆开放型经济试验区。贵州境内地势西高东低，自中部向北、东、南三面倾斜，素有“八山一水一分田”之说。全省地貌可概括分为高原、山地、丘陵和盆地四种基本类型，其中

92.5%的面积为山地和丘陵，总面积为17.62万平方千米，属亚热带季风气候，地跨长江和珠江两大水系。

贵州省矿产资源丰富，是矿产资源大省。在贵州，已发现的矿产有110多种，其中有76种矿产探明了储量，有多种矿产保有储量排在全国前列，排在第一位的有汞、重晶石、化肥用砂岩、冶金用砂岩、饰面用辉绿岩、砖瓦用砂岩等矿产。此外，煤、锑、金、硫铁矿等矿产在全国占有重要地位。贵州省煤炭储量大、煤种齐全、煤质优良，素有“江南煤海”之称。贵州河流数量较多，长度在10千米以上的河流有984条。贵州河流的山区性特征明显，大多数的河流上游，河谷开阔，水流平缓，水量小；中游河谷束放相间，水流湍急；下游河谷深切狭窄，水量大，水力资源丰富。水能资源蕴藏量为1 874.5万千瓦，居全国第六，其中可开发量达1 683.3万千瓦，占中国总量的4.4%，水位落差集中的河段多，开发条件优越。贵州省土地资源以山地、丘陵为主，平原较少。山地面积为108 740平方千米，约占贵州省土地总面积的61.7%，丘陵面积为54 197平方千米，约占贵州省土地总面积的31.1%；山间平坝区面积为13 230平方千米，约占贵州省土地总面积的7.5%。可用于农业开发的土地资源不多，加上人口增多，非农业用地增多，导致耕地面积不断缩小。贵州省有维管束植物9 982种（包括亚种、变种，下同），其中可食用的700多种，绿化、美化以及能抗污染、改善环境的2 000多种；列入国家Ⅰ级保护的珍稀植物有冷杉、银杉、珙桐、贵州苏铁等16种。野生动物资源丰富，有脊椎动物1 053种，其中兽类141种，鸟类509种，爬行类104种，两栖类74种，鱼类225种；列入国家一级保护的珍稀动物有黔金丝猴、黑叶猴、黑颈鹤等15种。贵州是中国四大中药材产区之一，有“夜郎无闲草，黔地多良药”之称，全省有药用植物4 419种、药用动物301种，享誉国内外的“地道药材”有50种，已开发利用的中草药资源有350余种，天麻、杜仲、黄连、吴萸、石斛是贵州五大名药。

根据第七次全国人口普查数据统计，贵州全省常住人口为38 562 148人。同2010年第六次全国人口普查的34 746 468人相比，增加了3 815 680人，增长率为10.98%，年平均增长率为1.05%。全省共有家庭户12 696 585户，集体户569 287户，家庭户人口为35 719 520人，集体户人口为2 842 628人。平均每个家庭户的人口为2.81人，比2010年第六次全国人口普查的3.24人减少了0.43人。全省常住人口中，汉族人口为24 511 882人，占比为63.56%；少数民族人口为14 050 266人，占比为36.44%。与2010年第六次全国人口普查相比，贵州省汉族人口增加了2 313 397人，增长率为10.42%；少数民族人口增加了 1 502 283 人，增长率为 11.97%。

在 2021 年的前三季度，全省上下坚持以习近平新时代中国特色社会主义思想为指导，认真贯彻落实习近平总书记“七一”重要讲话和视察贵州重要讲话精神，全面落实“一二三四”工作思路，围绕“四新”主攻“四化”，科学统筹疫情防控和经济社会发展，强化宏观政策跨周期调节，主要经济指标总体处于合理区间，延续了上半年稳定恢复的良好趋势。前三季度，全省地区生产总值 13 985.53 亿元，比上年同期增长 8.7%，两年平均增长 5.9%。其中，第一产业增加值为 1 993.65 亿元，增长了 7.7%，两年平均增长率为 6.9%；第二产业增加值为 4 833.84 亿元，增长了 9.2%，两年平均增长率为 5.7%；第三产业增加值 7 158.04 亿元，增长了 8.6%，两年平均增长率为 5.7%。

全省上下全面加强现代农业基础设施，推动农业产业规模化、标准化、市场化、品牌化发展，农业现代化扎实推动。2021 年前三季度，全省农、林、牧、渔业总产值 3 422.98 亿元，比上年同期增长 9.2%，两年平均增长 7.6%；全省上下大力推动新型工业化建设，聚焦“六大突破”，狠抓“六个抓手”，奋力推动工业大突破。2021 年前三季度，全省规模以上工业增加值比上年同期增长 11.7%，两年平均增长 7.1%；全省上下认真落实积极的财政政策，随着经济持续稳定恢复、企业生产经营持续改善，财政收入增长较快。2021 年前三季度，全省财政总收入 2 608.38 亿元，比上年同期增长 12.9%。一般公共预算收入 1 398.99 亿元，增长 10.8%，其中，税收收入 887.74 亿元，增长 13.8%。

在社会文化方面，黔东南苗族称剪纸为“剪花”“苗花纸”。在长期的刺绣实践中，艺人们发现用剪纸图案来代替在绣面上描绘图案，可以准确无误地不断复制，既省工又省时，同时也能保持绣面的干净洁亮，从此，她们就把剪纸图案作为刺绣艺术的“蓝本”。为了保证刺绣的质量，苗族妇女们把她们的聪明才华和喜怒哀乐等审美观融入到剪纸图案中，使之与众不同，具有鲜明的民族特色。

苗族民间剪纸形式灵活多样，各具特色。如“中心构图”式，艺人主要在画面中心表现主题，四周讲究相应的对称协调，用不同的花木草虫来装饰搭配。这与“不完全对称”式那种以中轴为坐标，以量的平均分配来使画面产生稳定感、层次感和节奏感有所不同，“中心构图”式突破了只讲求统一，不讲求变化的单调刻板的构图形式。

第2部分　长江经济带（流域）中游篇

湖北

湖北省，简称“鄂”，是中华人民共和国省级行政区，省会武汉。湖北省是楚文化的发祥地、三国文化的重要发生地、中华文明的重要发源地、中国近代工业的发祥地、中国近现代革命的重要策源地之一。省会武汉自古有“九省通衢”之称。今天，湖北已经形成完整的水、陆、空交通网络，高速成网、高铁交错、航空发达，是全国综合交通枢纽。

湖北省东邻安徽，南界江西、湖南，西连重庆，西北与陕西接壤，北与河南毗邻。东西长约740千米，南北宽约470千米，全省总面积约18.59万平方千米。地势大致为东、西、北三面环山，中间低平，略呈向南敞开的不完整盆地。在全省总面积中，山地占56%，丘陵占24%，平原湖区占20%。省境内除长江、汉江干流外，省内各级河流河长5千米以上的有4 230条，河流总长6.1万千米，其中流域面积50平方千米以上的河流有1 232条。湖北素有“千湖之省”之称。境内湖泊主要分布在江汉平原上，有天然湖泊755个，湖泊水面面积合计约2 706.851平方千米。

根据第七次全国人口普查数据，截止2020年11月1日零时，湖北省常住人口为57 752 557人。其中男性人口为2 969.47万人，占比为51.42%；女性人口为2 805.78万人，占比为48.58%。湖北省0~14岁人口为942.05万人，占比为16.31%；15~59岁人口为3 653.71万人，占比为63.26%；60岁及以上人口为1 179.50万人，占比为20.42%（其中65岁及以上人口为842.43万人，占比为14.59%）。湖北省是一个多民族的省份，现有55个少数民族，据2020年第七次全国人口普查统计，各少数民族人口为277.11万人，占全省总人口的4.8%，主要有土家族、苗族、回族、侗族、满族、蒙古族、白族等世居民族，主要分布在鄂西南民族自治地方、武汉市、荆州市等地。

2020年，湖北省完成地区生产总值43 443.46亿元，比2019年下降5.0%。其中，第一产业完成增加值4 131.9亿元，按不变价计算与2019年持平；第二产业完成增加值17 023.9亿元，下降7.4%；第三产业完成增加值22 287.7亿元，下降3.8%。全省实现社会消费品零售总额17 985亿元，下降20.9%。其中，限额以上企业（单位）实现消费品零售额6 593亿元，下降

14.2%。网上零售额2 867亿元，比上年增长1.6%。全省实现货物进出口总额4 294亿元，增长8.8%，其中进口总额1 592亿元，增长9.1%，出口总额2702亿元，增长8.7%。2020年，欧盟跃升为湖北第一大贸易伙伴，双边贸易值595亿元，增长17.1%。新批外商直接投资项目296个。实际使用外资104亿美元，下降19.8%。全省财政总收入4 581亿元，下降20.8%。其中地方一般公共预算收入2 512亿元，下降25.9%；地方一般公共预算收入中，税收收入1 923亿元，占比77%。地方一般公共预算支出8 439亿元，增长5.9%。2020年年末，全省金融机构人民币各项存款余额67 159亿元，比年初增加6 622亿元；金融机构人民币各项贷款余额59 872亿元，比年初增加7 630亿元。

2020年，湖北省城镇常住居民人均可支配收入36 706元，下降2.4%；农村常住居民人均可支配收入16 306元，下降0.5%。5.8万剩余贫困人口全部脱贫，贫困县全部摘帽，绝对贫困实现历史性消除。贫困地区农村居民人均可支配收入13 075元，比上年增长1.6%。城镇新增就业75.2万人，超额完成全年目标任务。

湖北地方文化汇东西南北之长，承楚文化之魂，大致可以分为戏曲、说唱、歌舞等几大类。湖北现有22个地方剧种，其中最有影响力的是汉剧、楚剧和荆州花鼓戏。此外，湖北旅游资源丰富，名胜古迹众多，自然风景优美，拥有世界上最典型的高山峡谷景观长江三峡、世界最大最宏伟壮观的水利工程三峡大坝、世界保存最完整的自然生态群落神农架，以及武当山、黄鹤楼、东湖等旅游资源驰名中外。

湖南

湖南省，简称“湘”，因其省内最大河流湘江流贯全境而得名，是中华人民共和国省级行政区，省会长沙，位于我国中部、长江中游，因大部分区域处于洞庭湖以南而得名“湖南”。湖南自古盛植木芙蓉，五代时期就有“秋风万里芙蓉国”之说，因此又有“芙蓉国”之称。

湖南地貌类型多样，以山地、丘陵为主，大体上是“七山二水一分田”，其中山地面积占全省总面积的51.2%，丘陵及岗地占比29.3%，平原占比13.1%，水面占比6.4%。湖南三面环山，形成从东、南、西三面向东北倾斜开口的不对称马蹄状，炎陵县与江西交接处的酃峰（后改名为神农峰），海拔2 115.3米，是全省最高点。地势最低点在临湘市黄盖湖西岸，海拔24米。湖南矿产丰富，矿种齐全，是驰名中外的“有色金属之乡”和“非金属矿产之乡”。2020年，全省已发现矿种146种，探明资源储量矿种111种。其中，能源矿产7种，金属矿产39种，非金属矿产63种，水气矿产2种。湖南位于北纬25~30度，属亚热带季风性湿润气候，年平均气温16~18摄氏度，年平均降水量1 200~1 800毫米，具有“气候湿润、四季分明，热量充足、雨量集中，春温多变、夏秋多旱，严寒期短、暑热期长”的特点。湖南山清水秀，河网密布，水系发达，5千米以上的河流有5 341条，淡水面积达1.35万平方千米，洞庭湖是全国第二大淡水湖，湘江、资水、沅水和澧水四大水系覆盖全省，其中，湘江是长江七大支流之一，全省天然水资源总量为南方九省之冠。湖南属亚热带常绿阔叶林带，植被丰茂，四季常青。

根据第七次全国人口普查数据，截止2020年11月1日零时，湖南省人口有66 444 864人，总量居全国第七位。全省人口中，男性占比51.16%、女性占比48.84%，性别比为104.77，男女比例更趋平衡。全省0~14岁人口占比19.52%，15~59岁人口占比60.60%，60岁以上人口占比19.88%。人口受教育水平明显提升。现有人口中，每10万人口具有大学教育程度的人口超过1.2万人，具有高中教育程度的人口约1.8万人，15岁及以上人口平均受教育年限为9.88年。湖南是一个多民族省份，现有55个少数民族，少数民族人口为668.52万人，占全省总人口的10.06%，少数民族分布呈“大杂居、小聚居”格局，14个市州、122个县市区均分布有少数民族。全省有土家族、苗族、侗族、瑶族、白族、回族、壮族、维吾尔族8个少数民族建有民族自治地方或民族乡，因此这8个民族也被称为湖南的世居少数民族。

2020年，全省地区生产总值41 781.5亿元，比上年增长3.8%。其中，第一产业增加值4 240.4亿元，增长3.7%；第二产业增加值15 937.7亿元，增长4.7%；第三产业增加值21 603.4亿元，增长2.9%。三次产业结构为10.2∶38.1∶51.7。第二、第三产业增加值占地区生产总值的比重分别比2019年下降0.5和0.6个百分点，工业增加值增长4.6%，占地区生产总值的比重为29.6%；高新技术产业增加值增长10.1%，占地区生产总值的比重为23.5%；战略性新兴产业增加值增长10.2%，占地区生产总值的比重为10.0%。第一、二、三产业对经济增长的贡献率分别为8.1%、53.9%和38.0%。其中，工业增加值对经济增长的贡献率为43.9%，生产性服务业增加值对经济增长的贡献率为24.0%，分别比2019年提高4.6和0.2个百分点。

湖南民俗多姿多彩，湘绣、滩头木版年画、皮影戏、江永女书等118项民俗艺术被列为国家非物质文化遗产项目，花鼓戏、昆剧、湘剧、祁剧和常德丝弦等民间歌舞享誉中外；湘西苗族的巫傩文化、德夯苗寨风情、以茅古斯和摆手舞为特色的土家情调等民俗别具一格；湘菜源远流长，早在汉朝就已形成菜系，是汉族饮食文化八大菜系之一。湖南名胜古迹众多，是闻名遐迩的旅游胜地，古有“潇湘八景”（潇湘夜雨、平沙落雁、烟寺晚钟、山市晴岚、江天暮雪、远浦归帆、洞庭秋月、渔村夕照），现有张家界武陵源风景区、崀山丹霞地貌2处世界自然遗产、22个国家级风景名胜区、7个5A级景区，其中张家界武陵源风景区是我国首家被联合国教科文组织列入《世界文化和自然遗产名录》的自然名品，南岳衡山是中华五岳之一，岳阳楼是江南三大名楼之一。

江西

江西，简称“赣”，因省内最大河流赣江流经而得名，是中华人民共和国省级行政区，省会南昌。江西省别称赣鄱大地，地处中国东南部，东邻浙江省、福建省，南连广东省，西接湖南省，北毗湖北省、安徽省，是长江经济带重要组成部分，也是江南“鱼米之乡”，古有“吴头楚尾，粤户闽庭”之称。春秋战国时期，吴、越、楚三国分争江西；宋代初设江南路；清代改江西布政使司为江西省。

江西省总体自然环境状况较好。地形以丘陵、山地为主，盆地、谷地广布，地貌上属于江南丘陵的主要组成部分，江湖众多，以鄱阳湖为中心呈向心水系，鄱阳湖连同其外围一系列大小湖泊，成为天然水产资源宝库，并对航运、灌溉、养殖和调节长江水位及湖区气候均起着重要作用。气候属亚热带季风性湿润气候，年均温约16.3~19.5摄氏度，全省冬暖夏热，无霜期长达240~307天，对于发展以双季稻为主的三熟制及喜温的亚热带经济林木均甚是有利。江西是长江流域的重要省份之一，全省97.7%的面积属于长江流域，水资源比较丰富，多年平均降雨量1 638毫米，多年平均水资源量1 565亿立方米。全境长度为10平方千米以上的河流有3 700多条，2平方千米以上的湖泊有70余个，人均拥有水量和耕地亩均高于全国平均水平。

江西省共有55个民族，其中，汉族人口最多，少数民族中人口较多的有畲族、回族。第七次全国人口普查数据显示，截止2020年11月1日零时，江西省常住人口为45 188 635人。据不完全统计，在政治上有影响、经济上有实力、科技上有成就、社会上有声望的社会各界知名人士中江西同胞有数千人。

江西省经济发展迅速。2020年，全省地区生产总值25 691.5亿元，比上年增长3.8%。其中，第一产业增加值2 241.6亿元，增长2.2%，得益于江西省是中国江南以水稻为主的重要粮食产区、重要的木材与毛竹产地、淡水渔业重点省份；第二产业增加值 11 084.8 亿元，增长 4.0%，归功于“南钨北铜”为主体的国家重要有色金属生产基地、萍乡煤矿、电子工业、制瓷工业、制糖工业、化学工业、木材加工工业等；第三产业增加值 12 365.1 亿元，增长 4.0%，主要体现在批发零售业、交通运输、仓储和邮政业、金融业、房地产业、信息传输与信息技术服务业等方面的增长。三次产业结构为 8.7∶43.2∶48.1，三次产业对 GDP 增长的贡献率分别为 5.0%、52.1%和 43.0%。2020 年，全省居民消费价格（CPI）比 2019 年上涨 2.6%，涨幅比 2019 年低 0.3 个百分点。其中，城市居民消费价格上涨 2.4%，农村居民消费价格上涨 3.0%。2020 年，全省居民人均可支配收入 28 017 元，比上年增长 6.7%，扣除价格因素，实际增长 4.0%。其中，城镇居民人均可支配收入 38 556 元，增长 5.5%，扣除价格因素，实际增长 3.0%；农村居民人均可支配收入 16 981 元，增长 7.5%，扣除价格因素，实际增长 4.4%。城乡居民收入比为 2.27 : 1，比值比上年缩小 0.04 个百分点。

“江西书院甲天下”。江西省是古代书院的起源地，唐代德安义门东佳书院和高安桂岩书院是中国设立最早的书院之一，宋代白鹿洞书院名列中国四大书院之首，华林书院延四方讲席，鹅湖书院首创学术自由争辩之风。土地革命战争时期（也称第二次国内革命战争时期），中国共产党领导人民群众先后在江西建立了大片革命根据地。其中著名的有赣西井冈山革命根据地、湘赣革命根据地，江西瑞金有“红都”之称。景德镇的瓷器以“白如玉、明如镜、薄如纸、声如磬”的特色闻名中外，中国的英文名“CHINA”就来源于国外对中国瓷器的认识；樟树四特酒，周恩来总理赞誉为“清、香、醇、纯”，四特酒由此而得名；遂川狗牯脑茶，曾获巴拿马国际食品博览会金奖；南丰蜜桔，历史上是皇室贡品；婺源所产“婺绿”同修水一带所产红茶，被誉为“绝品”；庐山所产的“庐山云雾茶”被列为中国十大名茶之一。

第3部分　长江经济带（流域）下游篇

安徽

安徽省，简称“皖”，是中华人民共和国一级行政区，省会合肥。安徽省位于华东地区，地处长江、淮河中下游，长江三角洲腹地，居中靠东、沿江通海，东连江苏、浙江，西接湖北、河南，南邻江西，北靠山东，东西宽约450千米，南北长约570千米，总面积14.01万平方千米。安徽濒江近海，有八百里的沿江城市群和皖江经济带，内拥长江水道，外承沿海地区经济辐射。安徽省是长三角的重要组成部分，处于全国经济发展的战略要冲和国内几大经济板块的对接地带，经济、文化和长江三角洲其他地区有着历史和天然的联系。安徽文化发展源远流长，由徽州文化、淮河文化、皖江文化、庐州文化四个文化圈组成。

安徽省平原、台地、丘陵、山地等类型齐全，可将全省分成淮河平原区、江淮台地丘陵区、皖西丘陵山地区、沿江平原区、皖南丘陵山地五个地貌区，地跨淮河、长江、新安江三大水系；安徽省地处暖温带与亚热带过渡地区，淮河以北属暖温带半湿润季风气候，淮河以南为亚热带湿润季风气候，南北兼容，其主要特点是四季分明，春暖多变、夏雨集中、秋高气爽、冬季寒冷；安徽省共有河流2 000多条，河流除南部新安江水系属钱塘江流域外，其余均属长江、淮河流域，长江自江西省湖口进入安徽省境内至和县乌江后流入江苏省境内，由西南向东北斜贯安徽南部，在省境内416千米，属长江下游，流域面积6.6万平方千米；安徽全省耕地面积有422万公顷，林地面积约329万公顷，水面面积约105万公顷。长江、淮河在安徽流经的距离分别为416千米和430千米。

安徽省属少数民族散居的省份，区域内拥有55个少数民族，现有少数民族人口约50万人，其中回族、满族、畲族为全省世居少数民族，少数民族人口呈“大分散、小聚居”状分布，沿淮河以北相对集中，沿长江以南少而分散。第七次全国人口普查结果公布，截止2020年11月1日零时，安徽省常住人口为61 027 171人。

安徽是中国重要的农产品生产、能源、原材料和加工制造业基地，汽车、机械、家电、化工、电子、农产品加工业等行业在全国占有重要位置。2020年，全年全省地区生产总值38 680.6亿元，居全国第十一位；比上年增长3.9%，居第四位。分产业看，第一产业增加值 3 184.7 亿元，增长 2.2%；第二产业增加值 15 671.7 亿元，增长 5.2%，其中工业增加值 11 662.2 亿元，增长 5.1%；第三产业增加值 19 824.2 亿元，增长 2.8%，全年规模以上服务业企业营业收入增长 6.8%，其中以互联网技术、商务服务等新兴行业为代表的其他营利性服务业营业收入增长 10.9%。三次产业结构由 2019 年的 7.9 : 40.6 : 51.5 调整为 2020 年的 8.2 : 40.5 : 51.3。预计全员劳动生产率 88 317 元/人，比上年增加 42 84 元/人；2020 年，全年全省常住居民人均可支配收入 28 103 元，比上年增长 6.4%，扣除价格因素实际增长 3.6%，城镇常住居民人均可支配收入 39 442 元，增长 5.1%，扣除价格因素实际增长 2.5%；2020 年，全年居民消费价格比 2019 年上涨 2.7%，其中食品烟酒价格上涨 8.4%，商品零售价格上涨 1.6%，工业生产者出厂价格下降 0.9%，工业生产者购进价格下降 1.5%。农业生产资料价格上涨 4.8%。

安徽文化主要由淮河文化、新安文化、皖江文化、庐州文化等组成。安徽省是中国史前文明的重要发祥地之一，在繁昌县发现距今约 250 万年前人类活动遗址，在和县龙潭洞发掘的三四十万年前旧石器时代的“和县猿人”遗址，表明远古时期已有人类生息繁衍在安徽这块土地上；安徽古代代表文学是徽文化、新安理学、道教文化、理学、桐城派、建安文学，“天下文章，其出于桐城乎”是清朝乾隆年间世人对桐城文章的赞誉；安徽历史上有新安画派、龙城画派，版画流派有芜湖铁画以锤为笔、以铁为墨、以砧为纸，锻铁为画，鬼斧神工，气韵天成；安徽饮食名目繁多，主要有徽州菜、庐州菜、沿江菜、沿淮菜等，安徽菜为中国八大菜系之一。每年的 10 月 16 日，安徽合肥有中国巢湖渔火音乐节，从中庙到姥山岛的巢湖湖面渔火映湖美景，湖畔举办“大湖之夜”音乐会、湖鲜美食嘉年华、舞龙舞狮大赛、光影巢湖摄影大奖赛等诸多精彩活动，为合肥市市民呈现一场视听盛宴。

江苏

江苏省，简称“苏”，是中华人民共和国一级行政区，省会南京，位于中国大陆东部沿海中心，得名于“江宁府”与“苏州府”之首字。江苏是中国古代文明的发祥地之一，拥有“吴”“金陵”“淮扬”“中原”四大多元文化及地域特征，自古经济繁荣，教育发达，文化昌盛，共拥有 13 座国家历史文化名城。

江苏地处中国大陆东部沿海地区中部，位于长江、淮河下游，东濒黄海，北接山东，西连安徽，东南与上海、浙江接壤，是长江三角洲地区的重要组成部分。江苏省地貌包含平原、山地和丘陵三种类型。其中，平原面积占比 86.90%，丘陵面积占比 11.54%，山地面积占比 1.56%。全省 93.89%的陆地面积处于海拔 0~2 度的平坡地中，仅有 0.03%的陆地面积在海拔 35 度以上。江苏省跨江滨海、湖泊众多、水网密布、海陆相邻，是全国唯一拥有大江大河大湖大海的省份，水域面积占比 16.9%。面积 50 平方千米以上的湖泊有 12 个，其中面积超过 1 000 平方千米的湖泊有太湖、洪泽湖，分别为全国第三和第四大淡水湖。江苏省属东亚季风气候区，处在亚热带和暖温带的气候过渡地带；地处南北气候过渡地带，生态类型多样，农业生产条件得天独厚，素有“鱼米之乡”的美誉；是我国南方最大的粳稻生产省份，也是全国优质弱筋小麦生产优势区。江苏地处江、淮、沂沭泗流域下游和南北气候过渡带，河湖众多，水系复杂，本地水资源不足，多年平均本地水资源量 322 亿立方米；过境水量较多，约为 9 492 亿立方米，其中长江径流占比 96%。江苏省已发现各类矿产 133 种，其中已查明资源储量的有 69 种。江苏省森林面积约 156 万公顷，林木覆盖率为 24%，活立木总蓄积量超过 9 609 万立方米。全省累计建成国家森林城市 8 个，建成全国绿化模范市 7 个、全国绿化模范县（市、区）39 个，湿地面积约 282.2 万公顷，湿地总面积位居全国第六位，自然湿地保护率为 58.9%。

第七次全国人口普查数据显示，截止 2020 年 11 月 1 日零时，江苏省常住人口为 84 748 016 人，与 2010 年江苏省第六次全国人口普查的 78 660 941 人相比，增加了 6 087 075 人，增长率为 7.74%，年平均增长率为 0.75%。全省常住人口中，男性人口占比 50.78%，女性人口占比 49.22%，0~14 岁人口占比 15.21%，15~59 岁人口占比 62.95%，60 岁及以上人口占比 21.84%，其中 65 岁及以上人口占比 16.20%。江苏主体民族为汉族，占比 99.5%，有少数民族人口 70 多万，回民占少数民族人口的比例较大，占比 34%。江苏省少数民族人口最多的地区是南京市，有 9 万多人，占全市总人口的 1.37%。

2020 年，江苏省实现地区生产总值 102 719.0 亿元，同比增长 3.7%。分产业看，第一产业增加值 4 536.7 亿元，同比增长 1.7%；第二产业增加值 44 226.4 亿元，同比增长 3.7%；第三产业增加值 53 955.8 亿元，同比增长 3.8%。全年全省粮食产量再创新高，总产量达 745.82 亿斤，比上年增长 0.6%，增产 4.57 亿斤。其中，夏粮总产 274.76 亿斤，增长 1.3%，增产 3.43 亿斤；秋粮总产 471.06 亿斤，增长 0.2%，增产 1.14 亿斤。粮食耕地总面积约 8 108.5 万亩，比上年增长 0.4%。工业生产快速回升，先进制造业增势良好，全年全省规模以上工业增加值比 2019 年增长 6.1%。分经济类型看，国有企业增加值增长 3.5%；股份制企业增长 6.7%，外商及港澳台商投资企业增长 4.3%；私营企业增长 10.1%。分行业看，全省 40 个行业大类中，有 31 个行业实现增加值同比增长，行业增长面达 77.5%，年内呈逐季提升态势。对外贸易实现正增长，贸易结构持续优化，全年全省完成货物进出口总额 44 500.5 亿元，比上年增长 2.6%。其中，出口总额约 27 444.3 亿元，增长了 0.9%；进口总约 17 056.2 亿元，增长了 5.5%。

江苏是中国古代文明、远古人类、吴越文化、长江文化的发祥地之一，素有“山水江南、鱼米之乡”的美誉。江苏素有“二胡之乡”美誉，“江南丝竹”是最富代表性的民间音乐。古琴艺术在中国具有突出地位，先后形成常熟虞山琴派、扬州广陵琴派、南京金陵琴派（金陵派）等重要的地方性音乐流派。江苏菜简称苏菜，主要以金陵菜、淮扬菜、苏锡菜、徐海菜组成，起始于南北朝、唐宋时，经济发展，推动饮食业的繁荣，苏菜成为“南食”两大台柱之一。江苏旅游资源丰富，自然景观与人文景观相互交融，有古镇水乡，有千年名刹，有古典园林，有湖光山色，有帝王陵寝，有都城遗址，可谓是“吴韵汉风，各擅所长”。

浙江

浙江省，简称“浙”，是中华人民共和国一级行政区，省会杭州。地处中国东南沿海长江三角洲南翼，东临东海，南接福建，西与江西、安徽相连，北与上海、江苏接壤。境内最大的河流钱塘江，因江流曲折，称之江，又称浙江，省以江名。浙江以文物之邦、旅游之地著名，是我国东南沿海社会经济与文化比较发达的地区，也是我国重要的旅游省，是吴越文化、江南文化的发源地，是中国古代文明的发祥地之一。

浙江东西和南北的直线距离均为 450 千米左右，陆域面积约 10.55 万平方千米，占全国面积的 1.06%，是中国面积最小的省份之一。浙江山地和丘陵占比 70.4%，平原和盆地占比 23.2%，河流和湖泊占比 6.4%，耕地面积仅有 208.17 万公顷，故有“七山一水二分田”之说。地势由西南向东北倾斜，大致可分为浙北平原、浙西丘陵、浙东丘陵、中部金衢盆地、浙南山地、东南沿海平原及滨海岛屿六个地形区。浙江属亚热带季风气候，季风显著，四季分明，年气温适中，光照较多，雨量丰沛，空气湿润，雨热季节变化同步，年均降水量为 1 600 毫米左右，是中国降水较丰富的地区之一。浙江境内有西湖、东钱湖等容积 100 万立方米以上湖泊 30 余个，海岸线（包括海岛）长 6 400 余千米。自北向南有苕溪、京杭运河（浙江段）、钱塘江、甬江、灵江、瓯江、飞云江和鳌江八大水系，钱塘江为第一大河，上述 8 条主要河流除苕溪、京杭运河外，其余均独流入海。

第七次全国人口普查数据显示，截止 2020 年 11 月 1 日零时，安徽省常住人口 64 567 588 人，与 2010 年第六次全国人口普查的 54 426 891 人相比，增加了 10 140 697 人，增长率为 18.63%，年均增长率为 1.72%。全省常住人口中，汉族人口占比 96.57%；各少数民族占比 3.43%，其中畲族是浙江世居的少数民族，也是人口最多的少数民族，占省内少数民族人口的 43%。与 2010 年第六次全国人口普查相比，浙江省的汉族人口比重下降了 1.20 个百分点；各少数民族人口比重上升了 1.20 个百分点。男性人口占比 52.16%；女性人口占比 47.84%，总人口性别比为 109.04，比值有所上升。

浙江是中国经济最活跃的省份之一，在充分发挥国有经济主导作用的前提下，以民营经济的发展带动经济的起飞，形成了具有鲜明特色的“浙江经济”，浙江与江苏、安徽、上海共同构成的长江三角洲城市群已成为国际六大世界级城市群之一。2020 年浙江省地区生产总值为 64 613 亿元，按可比价格计算，比上年增长 3.6%。分产业看，第一产业增加值 2 169 亿元，增长 1.3%；第二产业增加值 26 413 亿元，增长 3.1%；第三产业增加值 36 031 亿元，增长 4.1%。三次产业增加值结构为 3.3∶40.9∶55.8。全年居民消费价格比 2019 年上涨 2.3%，其中食品类价格上涨 9.5%，商品零售价格上涨 1.2%，农业生产资料价格上涨 6.1%，工业生产者出厂价格下降 3.1%，购进价格下降 4.1%。浙江省素有“鱼米之乡”之称，大米、茶叶、蚕丝、柑桔、竹品、水产品在中国占重要地位，绿茶产量占中国第一，蚕茧产量占中国第二，绸缎出口量为中国 30%，柑桔产量中国第三，毛竹产量中国第一。浙江是中国高产综合性农业区，茶叶、蚕丝、柑橘、海鲜和竹制产品等在中国占有重要地位。数字经济逆势成长。全年以新产业、新业态、新模式为主要特征的“三新”经济增加值占地区生产总值的 27.0%，数字经济核心产业增加值 7 020 亿元，按可比价格计算比 2019 年增长 13.0%，民营经济活力不断增强，全年民营经济增加值占全省生产总值的比重预计为 66.3%。

浙江文化灿烂，人文荟萃，科技教育发达，名胜古迹众多，素享“文物之邦，旅游之地”美誉。在历史上，浙江涌现的科技教育、文化名人灿若星河。杭州是中国历史文化名城和六大古都之一，宁波、绍兴、衢州、临海、金华也都是中国历史文化名城。浙江旅游资源丰富，是全国自然和生态环境最佳的省份之一，拥有一大批闻名遐迩的风景区。这些景区或以峰著称，或以洞为奇，或以瀑取胜，或以植被景观见长；或金滩奇岩、海滨风光，或江南园林，玲珑剔透，或得天独厚，温泉宜人，都是旅游疗养的好地方。到20世纪90年代，一个以杭州西湖风景名胜区为中心的浙江旅游网络正在形成，浙东海国风光，浙西名山秀川，浙南灵峰异壑，浙北运河古踪，交相映辉，深受海内外旅游者青睐。

上海

上海，简称“沪”或“申”，是中华人民共和国直辖市，是国家中心城市、超大城市，中国的经济、交通、科技、工业、金融、贸易、会展和航运中心，首批沿海开放城市。上海是国家历史文化名城，拥有深厚的近代城市文化底蕴和众多历史古迹。江浙吴越文化与西方传入的工业文化相融合形成上海特有的海派文化。2015年，上海地区生产总值居中国城市第一位，亚洲城市第二位。

上海地处太平洋西岸，亚洲大陆东沿，南临杭州湾，东濒东海，西与江苏、浙江两省毗邻，北界黄金水道长江入海口，正当中国南北弧形海岸线中部，交通便利，腹地广袤，地理位置十分优越，是世界第三大港口。上海属北亚热带季风性气候，四季分明，日照充足，雨量充沛。全市陆地面积6 431平方千米，水资源丰富，是著名的江南水乡，主要有黄浦江及其支流苏州河等。最大湖泊为淀山湖，面积为62平方千米。

根据第七次全国人口普查结果，2020年11月1日零时，上海市的常住人口为2 487.09万人。截至2019年年末，全市常住人口总数为2 428.14万人。其中，户籍常住人口1 450.43万人，外来常住人口977.71万人。全年常住人口出生16.9万人，出生率为7.0‰；死亡13.3万人，死亡率为5.5‰；常住人口自然增长率为1.5‰；常住人口出生性别比比值为105。全年户籍常住人口出生9.2万人，出生率为6.3‰；死亡12.5万人，死亡率为8.6‰；户籍常住人口自然增长率为-2.3‰。全市户籍人口平均期望寿命达到83.66岁。其中，男性81.27岁，女性86.14岁。

2020年，上海市地区生产总值约38 700.58亿元，按可比价格计算，比2019年增长1.7%，增速比前三季度提高2.0个百分点。分产业看，第一产业增加值103.57亿元，下降8.2%；第二产业增加值10 289.47亿元，增长1.3%；第三产业增加值28 307.54亿元，增长1.8%。第三产业增加值占全市生产总值的比重为73.1%，比2019年提高0.2个百分点。上海全市生产总值规模跻身全球城市第六位。全球金融中心指数、新华·波罗的海国际航运发展指数位居世界第三，口岸贸易总额达到8.75万亿元、位居全球城市首位，上海港集装箱吞吐量达到 4 350 万标准箱，连续 11 年位居世界第一。2020 年，全市居民人均可支配收入达到 7.2 万元。

正在向现代化国际大都市目标迈进的上海，肩负着面向世界、服务全国的重任，在全国经济建设和社会发展中具有十分重要的地位和作用，并在改革开放、产业升级、科技创新等方面发挥着示范、辐射和带动作用。20 世纪 90 年代以来，上海加快文化设施的建设，相继建成了上海博物馆新馆、上海图书馆新馆、上海大剧院、上海书城、上海城市规划展示馆、上海东方艺术中心、上海科技馆、东方绿舟等一批具有多功能和现代化设施的大型文化娱乐场所。

上海是一座历史悠久的文化城市。截至 2003 年年末，上海被列入全国重点文物保护单位有 16 处，市级文物保护单位 114 处，纪念地点 29 处，迄今仍保留着中国唐、宋、元、明、清以来的若干古迹和富有特色的园林。有具有一千多年历史的龙华古寺，有建于三国时期的静安古寺和国内外知名的玉佛寺，有号称江南名园之秀的豫园，有嘉定的孔庙，松江的方塔、醉白池等。20 世纪 90 年代以来，上海相继建成了一批享誉海内外的功能性建筑，构成了迷人的都市风景线，同时也成为上海的旅游新景观，向世人展示了上海的新风貌，有外滩、人民广场、东方明珠电视塔、金茂大厦、南京路步行街等。

后记

本书是我在重庆工商大学工作期间的研究成果。借此机会，我由衷地感谢重庆工商大学长江上游经济中心给予我的支持和帮助，特别感谢中心聘请相关专家为我们在选题、立意和全书结构方面给予充分的指导！

感谢本书的合作者——重庆工商大学校长孙芳城教授。在本书的研究和写作过程中，孙教授多次给予了指导和帮助，甚至在百忙之中邀请其他专家参与研讨。

感谢现在的工作单位——重庆工商大学会计学院的各位领导和同事给予我的各种指导，本书的出版离不开学校与学院提供的各种支持与帮助。

感谢我的学生们，我通过教学以及与学生沟通来实现教学相长、以教促学和以教促研，并期待用自己的研究带动未来的教学，希望本书的出版能够为自己的科学研究工作奠定一个良好的基础。

感谢西南财经大学出版社的编辑老师在本书出版过程中给予的各种指正，他们细致和认真的工作是本书质量的有力保障。

感谢我的家人多年来给予我的关心和爱护，我的每一次成长与蜕变都离不开他们的包容、理解与鼓励。

有幸加入重庆工商大学会计学院工作，并能从事自己心目中理想的教师职业是我人生的一大幸事！感谢所有为我付出和支持我的人！我相信自己一定能够做到自信沉稳、淡定从容，以成熟的心态和姿态在教师的岗位上踏实进取、不懈努力！

最后，本书受国家社科基金西部项目（长江经济带环境审计协同机制构建及实现路径研究，17XJY007）、教育部人文社会科学重点研究基地重大项目（长江上游地区环境审计协同机制研究，19JJD790011）、国家社科基金青年项目（长江经济带水污染协同治理的国家审计长效机制与实现路径研究，20CJY007）、重庆市教委人文社科项目（商业银行精准扶贫效率评价、路径选择与实践演进——以重庆市为例，18SKSJ039）、重庆工商大学校内科研项目（基于领导干部自然资源资产离任审计视角的生态环境监体系研究，1951022）及重庆工商大学教育教学改革研究项目（基于政府会计改革背景下的审计教学改革与实践，2019305）的资助，在此对相关科研项目负责人表示由衷的感谢！

蒋秋菊

2021 年 12 月

于重庆工商大学图书馆